小王子

〔法〕安托瓦尼·德·圣-埃克苏佩里/著
ANTOINE DE SAINT-EXUPÉRY
王以培/译

社会科学文献出版社
SOCIAL SCIENCES ACADEMIC PRESS (CHINA)

图书在版编目（CIP）数据

小王子：汉法对照 /（法）圣埃克苏佩里（Exupery, S.）著；王以培译. -- 北京：社会科学文献出版社，2010.9（2011.4 重印）

ISBN 978-7-5097-1714-1

Ⅰ. ①小… Ⅱ. ①圣… ②王… Ⅲ. ①汉语－法语－对照读物 ②童话－法国－现代 Ⅳ. ① H329. 4：I

中国版本图书馆 CIP 数据核字 (2010) 第 178453 号

小王子

著　　者 /〔法〕安托瓦尼·德·圣 - 埃克苏佩里
译　　者 / 王以培

出 版 人 / 谢寿光
总 编 辑 / 邹东涛
出 版 者 / 社会科学文献出版社
地　　址 / 北京市西城区北三环中路甲29号院3号楼华龙大厦
邮政编码 / 100029
网　　址 / http://www.ssap.com.cn
网站支持 / (8610) 59367077
责任部门 / 电子音像社策划编辑部 (010) 59367106
电子信箱 / dzyx@ssap.cn
项目负责 / 孙元明
责任编辑 / 马晓星
装帧设计 / 3A设计艺术工作室　马　宁
责任校对 / 郭瑞萍　尤　雅
责任印制 / 董　然

总 经 销 / 社会科学文献出版社发行部
(010) 59367080　59367097
经　　销 / 各地书店
读者服务 / 读者服务中心 (010) 59367028
印　　刷 / 北京画中画印刷有限公司

开　　本 / 787 mm × 1092 mm　1/32
印　　张 / 6
字　　数 / 119 千字
版　　次 / 2010 年 9 月 第 1 版
印　　次 / 2011 年 4 月 第 2 次印刷

书　　号 / ISBN 978-7-5097-1714-1
定　　价 / 29.80元

献给雷翁·维尔斯

请孩子们原谅，我把这本书献给一个大人。我有一个认真的理由：他是我在这个世界上最好的朋友。我还有一个理由：这个大人什么都懂，即使是写给孩子的书他也完全能够理解。我的第三个理由是：这个大人住在法国，忍饥挨饿，这会儿正需要安慰。如果这些理由加在一起还不够的话，那我很乐意将这本书献给这个大人曾经是的那个孩子。每个大人都曾经是孩子（只是他们很少有人还记得这一点）。这样说来我得改一改我的献辞了：

献给还是小男孩时候的

雷翁·维尔斯

飞行员与小王子在沙漠相遇

星空如此绚烂

一

我六岁那年，在一本描绘原始森林的书中，看见过一幅绝妙的图画，那本书名叫《真实的故事》。画中的一条蟒蛇吞了一头猛兽。你看，这幅画是这样的。

一条蟒蛇吞了一头猛兽

书上说："蟒蛇嚼都不嚼，就一口吞下了猎物。然后蛇就动不了了，它得睡上六个月才能把食物完全消化。"

我于是反复思考丛林奇遇，等轮到我有机会表现的时候，我就用一支彩色笔画了我的第一幅画。我的作品 1 号是这样的：

我将我的杰作拿给大人们看，问他们怕不怕。

"一顶帽子有什么可怕的？"他们说。

可我画的不是一顶帽子。我画的是一条蟒蛇正在消化一头大象。我只好把蟒蛇的身体内部也画出来，好让大人们看懂。他们总是需要解释。我的作品 2 号是这样的：

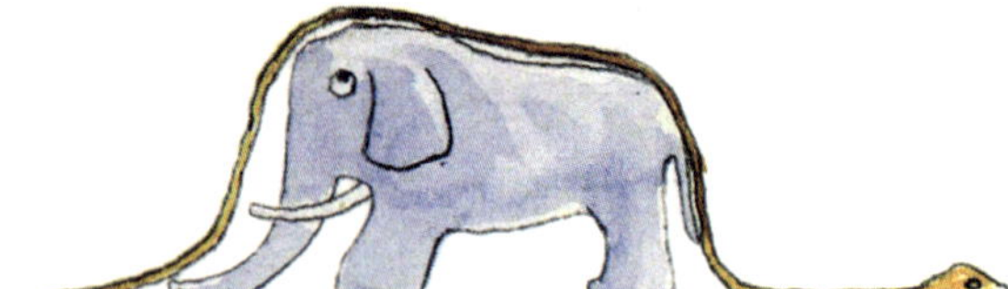

可大人们建议我将这透明或密闭的蟒蛇图都搁到一边，要将兴趣放在地理、历史、算术和语法上。就这样，六岁那年，我就结束了自己壮丽的绘画生涯。我的作品1号、2号的接连失败，使我心灰意冷。大人们自己什么也不懂，总是要孩子们给他们没完没了地解释，真费劲。

我因此不得不选择另一种职业，开飞机。我几乎飞遍了世界各地。所学的地理知识还真帮了我不少忙。我一眼就能认出这是中国，还是亚利桑那州。这很有用，尤其是在夜间迷航的时候。

这样在我生命的旅途中，我就大量接触到许多严肃的人。长期生活在大人们中间，近距离观察他们，可我的看法并没有太大的改变。

当我碰到一个看起来头脑比较清楚的大人时，我就拿我珍藏的作品1号来试探他，看他是否真的理解。可他总说："这是一顶帽子。"于是，我就不再和他说起蟒蛇、星星或原始森林，而只在他的理解范围内，说说桥牌、高尔夫、政治和领带之类的东西。对于这么理智的人，大人们就很满意了。

二

就这样我独自一人生活，没有可以用心交流的人，直到六年前的一次事故把我带到了撒哈拉沙漠。飞机的发动机坏了，我身边没带机械师，也没有乘客，我正准备独自完成艰难的维修工作。这事关我的生死，我带的水只能够勉强维持八天。

第一夜我就睡在离人世千里之外的沙漠里，感觉比海洋中救生筏上的遇难者更孤立无援。而当黎明时分，我听见一个微弱而奇妙的声音时，你可以想象当时我有多么惊奇：

“请你……给我画一只羊！”

“嗯？”

“给我画一只羊……”

我像被雷击似的跳了起来，使劲揉了揉眼睛，仔细一看，一个奇特的小男孩正站在我面前，庄严地望着我。这就是事后我所能画出的最好的肖像，可还是比原型逊色了许多。这不是我的错。自从六岁那年在绘画生涯中遭受了大人们的打击，我除了开放的与封闭的蟒蛇之外，再没画过别的。

我于是睁圆了双眼，惊奇地看着这横空出世的精灵，别忘了，

“请你……给我画一只羊！”

这可是在远离尘世千里之外的地方。然而我那小男孩看起来既不迷惘，也不慌张，更没有显出一副饥渴难耐、精疲力竭的样子，一点也不像是个在荒无人烟的沙漠中迷路的孩子。等我终于能开口说话的时候，我就问他：

“可……你在这儿做什么呢？”

他于是又非常温柔地说了一遍，好像在郑重其事地提出这个要求：

“请……给我画一只羊……”

当一种神秘的力量突然出现时，你不得不服从它。同样不可思议的是，在这似乎荒无人烟、濒临死亡的境地，我居然能从口袋里掏出纸和笔，而这时我才意识到我只会地理、历史、算术和语法，我于是（带有一点坏情绪）对小男孩说，我不会画画。他却回答说：

“没关系，给我画一只羊。”

因为我从没画过一只羊，于是我就从我仅有的两幅作品中挑选了那幅封闭的蟒蛇画给他，没想到小男孩一看就说：

“不对！不对！我不要蟒蛇肚子里的大象。蟒蛇太危险，大象太笨重，在我的世界里，什么都是很小很小的。我要一只羊，给我画一只小羊。”

我就画了。

他仔细地看着，然后说：

“不！这只羊已经病得很厉害了。重画一只。”

“这只羊已经病得很厉害了。”

“这是一头公山羊，头上还长着角呢。”

“这只太老了，我要一只能活得很久的绵羊。”

我又画。

我的朋友在一边微笑地看着，显得十分宽容的样了。

“你仔细看看，它不是我要的绵羊，这是一头公山羊，头上还长着角呢……”

我于是又重画了一张，可还是被他否决了：

“这只太老了，我要一只能活得很久的绵羊。”

这一回我可没耐心了，我还急着要拆开我的发动机呢，我于是草草地画了一张，敷衍他说：

“这是只箱子，你要的那只羊就在里面。”

可大大出乎我的预料，我看见我的小法官脸上闪现一阵欣喜：

“这正是我要的！你觉得这只羊要吃很多草吗？”

“怎么讲？”

“恐怕我这里地方太小了……”

“地方肯定够了，我给你的是一只很小的羊。”

他伸过头来看：

“它没你说得那么小……瞧，它睡着了……”

就这样，我结识了小王子。

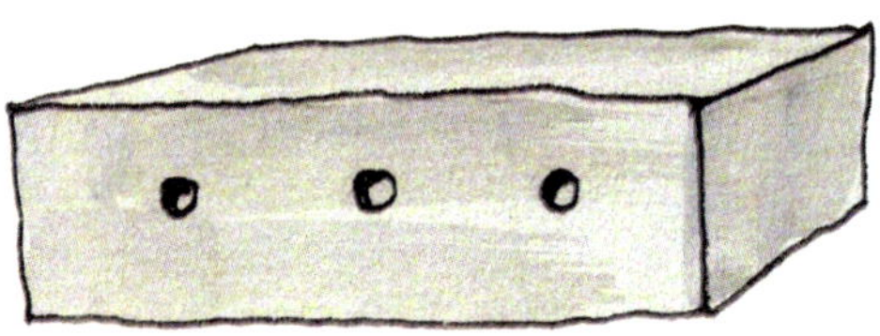

“你要的那只羊就在里面。”

三

要想了解小王子究竟从哪儿来，还得花相当长的时间。小王子问了我一连串的问题，但好像从来不听我说什么，只是在一些不经意的话语中，才向我一点点透露出他隐秘的身世。而他一看见我的飞机（我没画我的飞机，因为对我来说那太复杂了），就立刻问我：

“这是什么东西？”

“这不是一样东西，它会飞。这是一架飞机，是我的飞机。”

我很得意地告诉他，我刚才还在天上飞的。结果他大吃一惊：

“怎么？你是从天上掉下来的？”

“是的。”我郑重地回答。

“啊！真是奇了！……”

小王子发出一阵清脆的笑声，而这使我很生气。我可不希望别人这样轻视我的不幸。可他又说：

“啊，你也是从天上来的！你是哪个星球的？”

我这才隐约看破了一点他神秘的来历。我于是猛然问道：

“这么说你是从另一个星球来的？”

可他并没有回答，只是看着我的飞机，轻轻点点头：

“看起来你不会是从很远的地方来的……”

他说着，陷入深深的梦境。随后，他又从口袋里掏出我画的羊，出神地望着他的珍宝。

你可想而知，这“另外的星球”上的隐秘是多么令人神往。我想尽力多了解一些：

“你从哪儿来，我的小男孩？‘你那里’又在哪里？你要把我的羊带到哪儿去呢？”

他沉默了好一阵之后才对我说：

“真好，你给我的这个箱子，夜里可以当房子。”

“还真是。如果你真的有心，我再送你一根绳子，白天你可以把羊拴起来。另外再给你一个小木桩。”

这个建议让小王子大为震惊：

“把它拴起来？你居然会这么想！”

“可要是你不把它拴起来，它就会到处乱走，走丢的。”

我的朋友又发出一阵笑声：

“但你想让它去哪儿呢？”

“随便去哪儿。一直往前……”

而这时，小王子认真地说：

“没关系，我那里只有一点点大……”

但随后，他又忧伤地说：

“一直往前，也走不了多远……”

“一直往前，也走不了多远……”

B612 号星球比一幢房子大不了多少

四

于是我得知了第二个重要信息：他住的那个星球比一幢房子大不了多少！

我并不太吃惊，我知道除了人类已经命名的像地球、木星、火星、金星这些大星球之外，还有许许多多连望远镜也很难看见的小星星。当天文学家发现其中的一颗，就用一个数字给它命名，比如说“小行星 325 号”。我有可靠的理由相信，小王子来自星球 B612 号。这颗星仅仅闪过一次，那是一位土耳其天文学家于 1909 年通过望远镜观测到的。

在一次国际天文学大会上，他为他的发现提供了有力的论据，但没有一个人相信他，因为他身着土耳其民族服装。大人们就这眼光。

好在为了这颗 B612 小行星的声誉，一个土耳其独裁者以死亡相威胁，强迫他的人民必须穿欧洲服饰。到 1920 年，这位天文学家再次提出他的论据。由于这一次他穿着优雅，因此每个人都接受了他的观点。

我之所以跟你说起 B612 小行星的这些细节，说出它的编号，都是因为大人们，大人们就喜欢数字。当你跟他们说起一个新朋友的时候，他们从不关心那些最根本的问题，从来不问："他的声音好听么？他喜欢玩什么？他收藏蝴蝶么？"他们总是问你："他多大岁数了？有几个兄弟？体重是多少？他父亲挣多少钱？"这样他们就以为了解这个人了。如果你对大人们说："我看见一幢玫瑰色砖墙的房子，窗前长满了天竺葵，屋顶栖息着鸽子……"他们却始终无法想象这幢房子。你必须对他们这么说："我看见一幢十万法郎的房子。"于是他们就会惊呼："多美啊！"

同样，如果你对他们说，"小王子真的存在，因为他是那样的迷人，还会笑出声来，他还要一只羊。如果有人要一只羊，那就说明这个人确实存在"，那么他们就会耸耸肩膀，把你当成个毛孩子！但如果你对他们说："他来自 B612 号小行星。"他们就信了，而且不再拿一堆问题来烦你了。大人们总是这样，不能对他们抱太大希望。孩子们对大人要特别宽容才行。

然而我们这些理解生活的人，当然不会把数字放在眼里！我原本是喜欢用童话的口吻来讲故事的，我想这样说：

"从前有个小王子，居住在一个只比他大一点的星球上，他很需要朋友……"对于理解生活的人来说，这种语气更亲切。

因为我并不希望人们漫不经心地读我的书。而叙述这段回忆让我经历了相当多的痛苦，我的朋友牵着他的羊离去已经六年了。

我在这里记录只是为了不要忘记。忘记一个朋友是令人伤心的。并不是每个人都有一个朋友。我也有可能变得像大人一样只对数字感兴趣。正因为如此，我买了一盒颜料和一些铅笔。在我这个年龄想要重拾画笔谈何容易，何况除了六岁那年画过一条开放的蟒蛇和一条封闭的蟒蛇，我再没画过什么别的。当然，我得尽量把肖像画得像一点，但我并不能保证成功。也许这一张还像，下一张就不那么像了。在尺寸上也出了点差错。这里小王子太大了一点，那儿又太小了。在服装的颜色上我也吃不准。就这样反反复复，勉勉强强，在一些关键细节上还是出了错。请原谅我，我的朋友从不解释。他或许认为我有点像他。可是我呢，很不幸，我却不能透过箱子看见里面的羊。我可能有点像大人了，我一定是老了。

五

每天我都能了解一些有关星球、出发和旅行的知识。这是通过偶然间的感悟一点点得来的。就这样直到第三天，我才了解到猴面包树的悲剧。

这一次还是多亏了那只羊，因为小王子突然忧心忡忡地问我：

“羊群会吃掉灌木丛，这是真的吗？”

“没错，是真的。”

“啊，那我就放心了！”

我不明白，为什么他对羊吃不吃灌木丛这样在意。小王子又说：

“这么说来它们也吃猴面包树了？”

我提醒小王子，猴面包树不是灌木丛，它能长得比教堂还大，即使他牵一群大象来，也吃不完一棵猴面包树。

把大象一个一个摞起来

牵一群大象来？这可把小王子逗乐了：

“那就把大象一个一个摞起来……”他说。

但一会儿他又机警地说：“这些猴面包树，在它们长大之前，开始也是很小的。”

“正是这样！可为什么你要让你的羊去吃小猴面包树呢？”

他回答说：“嗨，瞧着吧！”就好像这是一件显而易见的事。可我还得费好大心思才能明白这是为什么。

事实上，在小王子的星球上，就像在别的星球上一样，有好的青苗，也有坏的杂草。好苗子结好种子，坏苗子结坏种子。但种子是看不见的，它们沉睡在大地深处，直到其中的一颗恍然苏醒，伸开细枝，羞答答地向着太阳伸开嫩叶。如果是一株玫瑰或十字花发出的新芽，就让它们自然生长；但假如是一株稗子，刚一发现就要将它连根拔除。然而，小王子的星球上，就存在着一些可怕的种子……像猴面包树的种子。这个星球上的土地将遭到严重侵害。如果不尽早将它们根除，日后就很难收拾了。它们会侵占整个星球，盘根错节地把每一寸土地穿透。如果星

如果不尽早将它们根除，日后就很难收拾了

“孩子们，当心猴面包树！”

球太小，而猴面包树疯长，最终整个星球都会爆裂。

“这是我们的例行公事，”小王子后来对我说，“清晨，人们梳洗完毕之后，就要细心梳洗这颗星球了。猴面包树的幼苗混杂在玫瑰丛中，它们看起来很像，但一定要区分开来，并强制自己将猴面包树的幼苗定期清除干净。这项工作十分枯燥，但并不困难。”

有一天，他建议我尽力画一幅美妙的图画，让我们这里的孩子们都铭记在心。“如果有一天出门旅行，他们就能用得上。有时候，把工作耽搁一阵子关系不大，但涉及猴面包树，那就成了一场灾难。我知道有个星球上住着一个懒汉，他就忽略了三棵小矮树……”

遵照小王子的嘱托，我画出了这个星球。我并不喜欢用道德家的口吻来说话，但猴面包树的危险鲜为人知，而对于一个迷失在小行星上的人，尤其值得重视。因此，我也破例说一回。我说：“孩子们，当心猴面包树！”这也是为了警示我的朋友，我用心完成了这幅画，而长期以来，他们像我一样掠过险境而浑然不知，所以我上这一课还是值得的。也许你会问：为什么这本书中没有一幅画像猴面包树那么气势汹汹？答案很简单，我画了，但没画成。当我画猴面包树的时候，心中有一种紧迫感。

六

啊！小王子，我就这样渐渐走进了你那忧郁的小生命。很久以来，你唯一的消遣就是静观落日，体味其中的甜美。这个新的细节是我第四天清晨才发现的，当时你对我说：

“我很爱看太阳落山，陪我看一次日落吧……”

“可是得等一等……”

“等什么？”

“等太阳落山呀。”

起初你很惊讶，后来你自己也笑了。你对我说：

“我还一直以为是在我家里呢！”

的确，当美国在正午的时候，谁都知道，太阳落在了法国。若是能在一分钟内赶到法国，就能看见日落了。可惜法国太遥远了。

然而在你的小星球上，只需将椅子挪几步就行了。只要你愿意，随时都可以看日落黄昏……

“有一天，我看见太阳落下四十四次！”

过了一会儿，你又说：

“你知道……当一个人满心忧伤的时候，就会眷恋一次又一次的落日……”

“日落四十四次的那一天，你真的很忧伤么？”

但小王子什么也没回答。

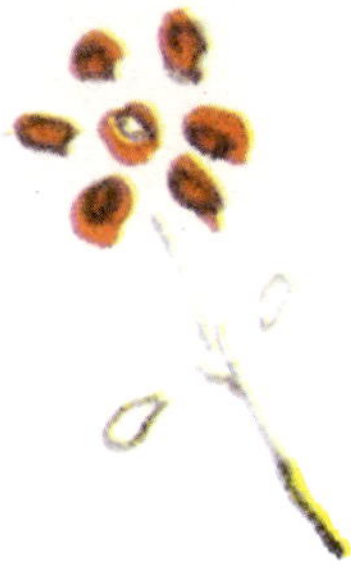

七

第五天，还是多亏了那只羊，让我又发现了小王子生命中的秘密。他突然冒出一句，好像这是他沉思了很久之后的结果：

“一只羊，它如果吃灌木的话，也会吃花么？”

“羊是碰见什么就吃什么的。”

“连带刺的花它也吃么？”

“是的，带刺的花它也吃。”

“那么，刺是干什么用的？”

我也不知道。我正忙着拧开发动机上一颗紧扣的螺丝，心里直着急。我的故障看来非常严重，更让人恐慌的是，水也快要喝完了。

“刺是干什么用的？”

小王子从不放弃他问过的任何一个问题。我被那颗螺丝搞得很恼火，便信口乱说：

“刺没什么用，那纯粹是花朵恶毒的部分！”

“噢！”

但过了一会儿，他冲我抱怨道：

“我不信你的话！花朵是柔弱的，也很天真。她们尽可能自我安慰，以为身上带刺，看起来就会很可怕……”

我没有回答。当时我正在想：“如果这个螺丝再拧不开，我就给它一锤子。”而小王子又打断了我的思路：

“可你，你真的相信那些花……”

“不！不！我什么也不相信。我只是随便说说而已，我正忙着要紧事呢！”

他呆呆地看着我。

“要紧事！”

他看着我手持铁锤，手指沾满油污，正俯身面对一个在他看来很丑的东西。

“你说话真像个大人！”

我有点羞愧。可他更生气了：

“你把什么都搞混了……什么都搞颠倒了！”

他气呼呼地在风中甩着他的满头金发：

“我认识一位红脸先生，住在一个星球上，他从没有闻过一朵花，从没见过一颗星星，从没爱过一个人，除了做加法，他什么也不会。每天从早到晚就像你一样重复同一句话：‘做要紧事，做正经人！做要紧事，做正经人！’这让他趾高气扬，可这不是一个人，是只蘑菇！”

“是什么？”

“是只蘑菇！”

小王子气得脸色煞白。

“几百万年前，花就开始长刺了；几百万年前，羊就开始吃花了。想要了解为什么花儿要费这么大的心血来长一些毫无用处的刺，这难道不是要紧事么？羊与花之间的战争，难道不重要么？这难道不比肥胖的红脸先生所做的加法更重要么？如果我认识的世界上独一无二、只有在我的星球独有的这朵花，某一天清晨，一只小羊无意间一口就把她吃了，还不知道自己都干了些什么。这难道不重要么？！”

说到这里，他的脸涨得通红：

“如果有人爱上一朵花，而这样的花在亿万星辰中只有这么一朵，这个人在仰望众星时因为这朵花感到无比幸福，他会自言自语：‘在这世上的某个角落，有我的一朵花……’但如果羊吃了花，对他来说，整个星空就全部黯淡了！这还不重要？！”

他说不下去了，突然呜咽起来。夜幕降临，我扔下手中的工具，抛开我的铁锤、螺丝，还有我的干渴和死亡。就在一颗星、一个星球、我的地球上，有一个小王子他需要安慰！我把他抱在怀里，轻轻摇着他，对他说：“你爱的那朵花她没事儿的，我会画一个罩子套在羊嘴上……再给你的花画一副盔甲……我……”我很茫然，不知道还能说些什么，做些什么，也不知如何才能再次打动他，上哪儿才能和他再相聚……这真是个神秘而充满泪水的国度！

八

我很快就学会了如何更了解这朵花。在小王子的星球上总有这样一些单纯的花朵，她们只有一圈花瓣，既不占地方，也不打扰任何人。她们每天清晨从草丛中绽开，到了夜晚就熄灭了。可是有一天，一颗可不知哪儿来的花种在这里发芽了，她的细枝看起来与别的花都不一样，小王子非常用心地照顾她。这也许是猴面包树的一个新品种。但小灌木很快就不再生长，花朵却含苞待放。小王子静观着这朵巨大的花苞，预感到一个奇迹即将出现。而在她绿色的小屋中，花朵并没有停止出落，她小心翼翼地选择颜色，一瓣一瓣地穿上花衣，她不愿像罂粟那样刚一露面就现出皱纹，她要一出世就光彩照人。啊，她风姿卓越！因此，她得日复一日地神秘梳妆。直到一天清晨，太阳刚刚升起的时候，她终于绽开了。

在精心劳作之后，她打着哈欠说：

“啊，我刚醒来……还披头散发的……请原谅……”

小王子禁不住赞美道：“您真美呀！”

“当然了，”花朵轻柔地回答说，“我是和太阳一起出生的……”

“晚上，你把我搁在玻璃罩下面。”

小王子预感到，尽管这朵花不是很谦虚，但她是那样的楚楚动人！

“该用早餐了，”她又补充了一句，“您能好心替我浇点水么？”

小王子十分惭愧，赶紧找来一壶新鲜的清水开始浇灌她。

就这样，她处处敏感的虚荣心很快又开始继续折磨人了。比如有一天，在谈到她的四根刺时，她对小王子说：

“那些老虎就要来了，他们会张牙舞爪地扑过来！”

“我的星球上没有老虎，”小王子反驳道，“再说老虎也不吃草。”

“我不是草。”花朵轻轻地说。

“对不起……”

“我一点儿也不怕老虎，但我怕穿堂风。你有屏风么？”

“怕穿堂风……这对花来说可不是件好事，”小王子这才发现，这朵花可不像想象得那么简单……

“晚上，你把我搁在玻璃罩下面，你这儿真冷，住着一点儿也不舒服。我原来住的那里……”

可她没再往下说。她从一颗种子中来，对外部世界一无所知。一时间编出这样天真的谎言，她羞愧地咳嗽了两声，想让小王子来承担过错：

“那屏风呢？”

用屏风遮住穿堂风

“我正要去找，可你在跟我说话！”

她于是使劲咳嗽，好让小王子感到内疚。

这样，尽管小王子满心怜爱，可还是对她产生了怀疑。他把这些无关紧要的话都当真了，因而心情变得很糟。

“我不该听她的话，”有一天小王子对我倾诉道，“永远不要听花朵说话，只需看着她们，呼吸她们的芬芳。我的花在我的星球上散发着芬芳，可我却不懂得享受她。老虎爪子的故事让我很受刺激，而我本该怜悯啊……”

他又说：

“我那时什么都不明白！我应该根据她做什么而不是说什么来判断她。她向我吐露芬芳并将我照亮。我绝对不该逃跑！我本应从她可怜的伎俩中想见她的片片柔情。花朵是自相矛盾的！可那会儿我太年轻了，还不懂得如何去爱她。”

九

我想，他是乘着一群野候鸟迁往别处了。出发的那天清晨，他把自己的星球收拾整齐，仔细疏通了他的活火山。他总共有两座活火山，要想热一下早餐是很方便的。他还有一座死火山，但正像他所说的：“谁知会发生什么！”他同样也疏通了他的死火山。如果通畅了，这些火山就轻柔、舒缓地燃烧，不会喷发。火山的喷发就好像烟囱里的火。然而在地球上，我们实在是太渺小了，根本无法疏通火山。因此火山给我们造成了一堆麻烦。

小王子同时也带着一些伤感，拔掉了猴面包树的最后几株幼苗，他相信这一走就再也不会回来了，因而所有熟悉的工作在那天清晨都显得格外亲切。而当他最后一次给他的花浇水，并准备给她罩上玻璃罩的时候，突然有一种想哭的冲动。

疏通火山

“永别了。”他对那朵花说。

但她并不回答。

“永别了。”他又说了一遍。

花朵开始咳嗽，可并不是因为感冒。

“我从前太傻了，”花朵终于对他说，“请你原谅我。尽量高兴一点吧。”

她居然没有一点怨他的意思，这让他感到很吃惊。他愣在那里，举着玻璃罩，这种平静的温柔他一时还不能理解。

“我真的爱你，但由于我的过错，你一点也不明白。这也不要紧，可问题是你和我一样傻。尽量高兴一点吧。把玻璃罩搁在一边，我不再需要它了。”

“可还有风……”

“我其实没那么容易感冒……夜里的新鲜空气对我有好处。我是一朵花啊。”

“还有野兽呢……”

“我要想认识蝴蝶，就得容忍两三只小毛虫。那会是很美的。否则谁来拜访我呢？你就要到很远的地方去了。至于大野兽，我才不怕它们呢，我也有我的爪子。”

她天真地展示着她的四根刺。然后又说：

“别再迟疑了，真让人受不了，你既然已经决定，就快走吧。”

因为她不想让他看见自己哭。这真是一朵骄傲的花。

十

小王子发现自己来到了小行星 325、326、327、328、329 和 330 号上。他想通过造访这些星球，先在其中找个位置，同时也长长见识。

第一个星球上住着一个国王，他身着白鼬鼠皮的紫红色长袍，端坐在一个简易的宝座上，一时间显得十分威严。

“啊！来了一个臣民！”他一见小王子就喊道。

小王子暗自疑惑：他从没见过我，怎么会认识我呢?

殊不知在国王眼里，世界很简单，每个人都是他的臣民。

“你走近一点，让我好看得更清楚些。”国王说，他很得意，终于有人能让他当一回国王了。

小王子四下看了看，想找个地方坐下，但整个星球都被那华丽的鼬鼠皮长袍盖满了。他只好站着，因为疲倦，他直打哈欠。

“在国王面前打哈欠是违反礼节的，”国王说道，“我禁止你打哈欠。”

“可我忍不住，”小王子困惑地说，“经过长途旅行，我又没睡觉……”

整个星球都被国王华丽的长袍盖满了

“那好，我来授权让你打哈欠。好多年我都没见过别人打哈欠了。打哈欠让我觉得很有意思。来吧，再打一个哈欠，这是命令。”

“我有点紧张……打不出了……”小王子红着脸说。

“嗯！嗯！”国王回答，“那么我……我命令你一会儿打哈欠，一会儿不打……”

他嘀咕了一阵，显得很生气的样子。

因为国王最看重的是他的权威是否得到尊重，他最不能忍受的是别人违抗他的命令。这是一个绝对的君主，不过他还不错，他下达的命令看起来都合乎情理。

“如果我命令，”他接着说，“如果我命令一个将军变成一只海鸟，而这个将军拒绝执行，那可不是他的错，是我的错。”

“那我能坐下么？”小王子怯生生地问。

“我命令你坐下，”国王说着，威严地抖了一下他的白鼬鼠皮长袍。

小王子十分震惊，这个星球如此微小，国王在统治什么呢？

“陛下，”他说，“请原谅我有个问题想问您……”

“我命令你问我个问题。”国王抢着说。

“陛下……您统治什么呢？”

“统治一切。”国王干脆地回答。

“统治一切？”

国王慎重地做了一个手势，指点着他的星球、别的星球以及所有的星星。

“统治所有这些？”小王子说。

“统治所有这些……”国王回答。

原来这不仅是个绝对君主，而且是全宇宙的君主。

“所有星星都服从你么？”

“当然，”国王回答，“它们随时听命。我绝不能忍受无序的状态。”

这样一种权威让小王子惊叹不已，如果他也能掌握，那他每天就不是看四十四次日落了，而是要看七十二次，一百次，甚至两百次的日落，不用挪一下椅子！而一想起他所舍弃的小星球，他又有些感伤，于是他斗胆向国王提出一个请求：

“我想看一次日落……请您帮帮我……命令太阳落下……”

“如果我命令一个将军像蝴蝶似的，从一朵花飞向另一朵花，或者写一部悲剧，或变成一只海鸟，而这个将军拒绝服从，那这是我的错，还是他的错呢？”

“是您的错。”小王子坚定地回答。

“正是这样。应该让每个人去做他们力所能及的事情。”国王接着说，“权威首先要建立在理性之上。如果你命令你的人民去跳海，那就要发生革命。我有权要求他们服从，是因为我的命令都很合理。”

“那我的落日呢？”小王子又问，他从不忘记自己问过的任何一个问题。

“你的落日，会有的。我这就叫它下来。不过按照我的政府科学，这要等到条件成熟的时候。”

“什么时候才条件成熟呢？”小王子问。

“嗯！嗯！”国王回答，他随即查阅了 本厚厚的日历，“嗯！嗯！这将是在……在……这将是在今晚七点四十分，你会看到我的命令准时实现。”

小王子打了个哈欠。他为他思念的落日而感到遗憾。随后他觉得有点厌倦了：

“我在这儿什么也做不成，我要走了。”

“别走，”国王回答，能有一个臣民，他感到如此自豪，“别走，我任命你当部长！”

“什么部长？”

“司法部长！”

“可这里没人需要审判！”

“谁知道呢，”国王回答说，“我还没在我的王国里转上一圈呢。我太老了，我的四轮马车也没地方搁，走也走不动了。”

“可我已经看过了，”小王子说着，俯身看了一眼星球的另一侧，“那边也一个人都没有……”

“那你只有审判自己了。这是最难的，审判自己要比审判别人困难得多。如果你能完成自我审判，那你一定是个真正的智者。”

“我，”小王子说，“我在哪儿都一样能审判自己，我不需要待在这里。”

“嗯！嗯！”国王说，“我想在我星球上的某个地方，一定有一只大老鼠，我夜里总能听见它的声音。你可以审判这只大老鼠，一次又一次地判它死刑。这样它的命就全部掌握在你的手里。而为了节约，你每一次都要赦免它，因为毕竟就这么一只老鼠。”

“我，”小王子回答说，“我可不喜欢判谁死刑，我想我该走了。”

“不。”国王说。

可是小王子已经准备好了，他一点也不想让这个老君主感到难过：

“如果你想让你的权威随时奏效，那你就给我下达一个合理的命令。比如说你命令我在一分钟之内离开。我感觉是时候了……”

国王什么话也没说，小王子先犹豫了一下，然后叹了口气，便上路了……

“我派你做我的大使！”国王迫不及待地喊道。

他还仍然做出一副绝对权威的样子。

“大人们真是太奇怪了。”小王子一路上自言自语。

十一

第二个星球上住着一个自大狂。

“啊！来了一个崇拜者！”一见小王子，自大狂就远远地喊道。

因为在自大狂眼里，别人都是他的崇拜者。

“您好，”小王子说，“您的帽子好奇怪啊。”

“用来致敬的，”自大狂回答说，“当人们向我欢呼的时候，我就向他们致敬。可是很不幸，没人经过这里。”

“啊，是吗？”小王子疑惑不解地说。

“用你的一只手拍另一只手。”自大狂建议道。

小王子用一只手拍着另一只手。自大狂稍稍抬起帽子，谦虚地致意。

“这可比访问国王更有趣。”小王子心想。于是他又拍击手掌，自大狂再次抬起帽子向他致意。

五分钟后，小王子就对这种单调的游戏感到厌倦了：

“如果想让您的帽子掉下来，那该做什么呢？”

然而自大狂什么也没听见。自大狂除了赞美之辞，什么也听不见。

“你就崇拜我吧！”

“你确实非常崇拜我么？”他问小王子。

“‘崇拜’是什么意思？”

“‘崇拜’就意味着你认为我是这个星球上最漂亮、最儒雅、最富有、最聪明的人。”

“可你的星球上就只有你一个人呀！”

“让我高兴一回，你就崇拜我吧！”

“我崇拜你，”小王子说着，耸了耸肩膀。“为什么这会让你如此陶醉呢？”

小王子走了。

“大人们实在是太奇怪了。”小王子一路上自言自语。

十二

为了忘却喝酒的耻辱而喝酒

下一个星球上住着一个酒鬼，这次访问非常短暂，但却让小王子陷入深深的忧郁。

“你在这儿做什么？”他对酒鬼说，只见那个酒鬼默默地坐在一堆空的和满的酒瓶中间。

“我在喝酒。”酒鬼满脸忧伤地回答。

“你为什么喝酒呢？”小王子问他。

“为了忘却。”酒鬼回答。

“忘却什么？”小王子又问，这时他开始有些同情他了。

“忘却我的耻辱。”酒鬼垂下头，老实承认。

“什么耻辱？”小王子又问，这时他已经很想帮他了。

“喝酒的耻辱！”酒鬼说完，最终陷入了沉默。

小王子茫然地走开了。

“大人们实在是太奇怪太奇怪了。”小王子在旅途中自言自语。

十三

第四个星球上住着一个商人。小王子来了，这个商人忙得连头也不抬。

“您好，”小王子对他说，“您的香烟灭了。”

“三加二得五，五加七等于十二，十二加三等于十五。你好。十五加七等于二十二，二十二加六等于二十八。没时间再点烟了。二十六加五，三十一。哦，那就是五亿零一百六十二万两千七百三十一。”

“五亿什么？”

“嗯？你还在这儿哪？五亿零一百……我也不知道是什么……我有那么多工作要做，我是很严谨的，没工夫闲聊！二加五得七……

“五亿什么？”小王子又问，他这辈子从没放弃过他所问过的任何一个问题。

商人抬起头：

“五十四年来，我一直住在这个星球上，我总共只被打扰过三次。第一次是在二十二年前，一只金龟子不知从什么鬼地方掉下来，发出一声可怕的噪音，害得我账上出了四个错。第二次是在十一年前，由于风湿病的困扰。我缺乏锻炼，也没时间出去散步。我，我是很严谨的。第三次……就是现在！我刚说到五亿零一百万……”

“这么多的什么呀？”

商人知道这一回是别想再安宁了：

“有时人们会在天上看见的成群的小东西。”

“是苍蝇么？”

“不，是许多闪闪发亮的小东西。”

“是蜜蜂？”

“不，是那些亮晶晶的，让那些游手好闲的人想入非非的小东西。不过我是很严谨的，我可没时间去想入非非。”

“啊！是星星？”

“正是星星。”

“你用这五亿多颗星星做什么呢？”

“五亿零一百六十二万两千七百三十一颗。我是个严谨的人，我非常仔细。”

“你用这些星星做什么呢？”

“我做什么？”

“对呀。”

“什么也不做，我拥有它们。”

“你拥有星星？”

“是的。”

“可是我已经见过一个国王，他……”

“国王只能‘统治’，他并不拥有。这很不一样。”

“拥有这些星星对你有什么用呢？”

“能让我变得很富有。”

“很富有又能怎么样呢？”

“去买别的星星，如果有人能找到的话。”

“这人，”小王子暗想，“他想问题有点像我的酒鬼。”

然而他还有问题要问：

“人们怎样才能拥有星星呢？”

“拥有星星能让我变得很富有。”

“你说它们属于谁？”商人咬牙切齿地反问了一句。

“我不知道。它们谁都不属于。”

“它们属于我。因为我第一个想到它们。”

“这就行了？”

“当然。当你发现一颗钻石，如果它不属于任何人，那它就归你了。当你发现一座岛屿，如果它不属于任何人，那它就属于你了。当你最先产生一个想法，你就拥有它的专利，它就属于你。我拥有星星，因为在我之前，没人想到要拥有它们。”

“还真是这样。”小王子说，“那你用它们做什么呢？”

“我经营它们，一遍又一遍地数它们。”商人说，“这很难，但我是个严谨的人！”

小王子还不满足。

“我，要是我有一条围巾，我就把它戴在脖子上带走；如果我有一朵花，我就可以采下来带在身上。可你总不能去摘星星吧？”

“不摘，不过我可以把它们存进银行。”

“这是什么意思？”

“就是说我把我的星星的数目写在一张小纸片上，然后再将这张小纸片锁在抽屉里。”

“这就成了？”

“成了！”

“真有意思，”小王子心想，“还挺有诗意的，再说也没那么严重。”

小王子在许多严肃问题上的想法与大人们的想法都截然不同。

“我，”他接着说，“我有一朵花，我每天都给她浇水；我有三座火山，我每星期都疏通山口。我还疏通了死火山，谁知今后会怎样。但这对我所拥有的火山有用，对我的花有用。可你能为那些星星做些什么呢……”

商人张大了嘴却说不出话来，小王子于是走开。

“大人们实在是不可思议。”小王子一路上自言自语。

十四

第五个星球非常奇特，这是所有星球中最小的一个，它全部的疆土只容得下一盏路灯和一个点灯人。小王子始终不明白，在天空的一隅，在这既没有人，也没有房屋的星球上，要这盏灯和这个点灯人做什么。这时，他又开始自言自语：

“这人也许有点荒唐，但总比国王、自大狂、商人和酒鬼他们好些，至少他的工作有一种感觉。当他点亮一盏路灯时，就好像唤醒了一朵花、一颗星星。他熄灭路灯时，又好像使花朵和星星入睡。这是一份美差，它着实有用，因为它的确很美。”

他一到这个星球就向点灯者问候致敬：

“早晨好！为什么你把路灯熄灭了？”

“这是指令。”点灯者回答说，“早晨好。”

“什么指令？”

“就是熄灭路灯。早晨好。”

他又将路灯点亮。

“为什么你又将它点亮了呢？”

“这是指令。”点灯者回答。

这个星球全部的疆土只容得下
一盏路灯和一个点灯人

“我不明白。”小王子说。

“没什么明白不明白的。指令就是指令。早晨好。”

他说着，又熄灭了路灯。

随后，他又用一块红格子手帕擦了擦额上的汗珠。

“我这儿从事的是一份可怕的职业。从前还算可以，早晨熄灯，晚上点灯，其余时间，白天休息，晚上睡觉……”

“那现在呢，指令改变了？”

“指令倒没变。可富有戏剧性的是，年复一年，星球越转越快，而指令却始终没有任何改变！”

“结果呢？”小王子说。

“现在星球一分钟转一圈，我连一秒钟也不能休息。点灯、熄灯，每分钟一次。”

“真奇怪，在你这儿，每天只有一分钟。”

“一点也不奇怪，”点灯者说，“我们说话这会儿，一个月已经过去了。”

“一个月？”

“对呀，三十分钟，三十天！晚安。”

他再次点灯。

小王子看着他，感觉很喜欢这位忠于职守的点灯者。这让他回想起从前自己挪动椅子，寻找一次又一次落日的情景。他很想帮助他的朋友：

“你知道，我有一个办法，让你想休息的时候就能休息。”

“我就想一直休息。”点灯者说。

人们的确有可能既忠诚，又懒惰。

小王子接着说：

“你的星球那么小，走三步就能转一圈。你只要走慢一点就能一直待在阳光里。当你想休息的时候就往前走……这样，白天想多长就多长。”

“这并不能解决问题，”点灯者说，“生活中我喜欢的事情就是睡觉。”

“可这样并不幸福。”

“不幸福。”点灯者说，“早晨好。”

他又熄了街灯。

“这个人，”小王子又自言自语道，这时他已经上路，越走越远，“也许别人会瞧不起他，比如像国王、自大狂、酒鬼和商人这些人。但他并不像我看见的其他人那么可笑。也许这是因为他总是在为别人而不是为自己忙碌吧。”

他遗憾地叹了口气，接着说：

“这是唯一能够做朋友的人。可惜他的星球实在太小了，容不下两个人……”

小王子不敢承认的是，他留恋这个受到祝福的星球，是因为它在二十四小时之内，有一千四百多次日落！

十五

第六个星球要比上一个大十倍，上面住着一位老先生，他写了一堆巨厚的书。

“嘿！来了一个探险家！”他一见小王子就大声叫道。

小王子坐到桌前，喘了口气，他走得好辛苦啊！

“你从哪儿来？”老先生问他。

“这本老厚书是写什么的？”小王子问，“您在这儿做什么？”

“我是个地理学家。”

“什么是地理学家？”

“就是一个学者，他知道海洋、河流、城市、山川与沙漠分布在什么位置。”

“这真有趣。”小王子说，“这才算是个真正的职业呢！”他四下看了看地理学家所在的星球，他从没见过如此威严的星球。

“您的星球可真漂亮。这儿有海洋么？”

“这我不清楚。”地理学家说。

“啊！”（小王子很失望。）“那有山么？”

“我也不清楚。”地理学家说。

地理学家的巨厚的书

“那城市、河流和沙漠呢？”

“我还是不清楚。”地理学家说。

“可你是个地理学家！”

“没错。”地理学家说，“可我不是个探险家。我当然需要探险家。勘探城市、河流、山川、海洋和沙漠不是地理学家的职责。地理学家太重要了，没时间闲逛。他从不离开书斋，只是在书斋里接见探险家。他问他们问题，记录他们的回忆。如果他们中间有谁的回忆让他很感兴趣，地理学家就要去调查了解这个探险家的道德品质。”

“为什么呢？”

“因为如果探险家说谎，或者喝多了乱说，那就会给地理学家的书带来灾难。”

“为什么呢？”

“因为喝多了会看见重影，明明只有一座山，地理学家就会标出两座山。”

“我认识一个人，”小王子说，“他很可能是个糟糕的探险家。”

“很有可能。在确认了这个探险家很讲道德之后，就要开始考察他的发现了。”

“去那儿看看么？”

“不，那样太麻烦了。不过需要探险者提供证据。比如他发现了一座大山，就要他带几块大石头回来看看。”

地理学家突然兴奋起来。

“你呢，你从远方来！你是个探险家！你跟我描述一下你的星球！”

地理学家打开他的登记册，削好铅笔，他要先用铅笔记录探险者的叙述，要等探险者提供了证据之后，再用钢笔记下来。

“怎么样？”地理学家问。

“噢！”小王子说，“我那里不怎么好玩，我的星球很小。我有三座火山，两座活火山，一座死火山，但也说不定。”

“也说不定。”

“我还有一朵花。”

“我们不记录花。”地理学家说。

“为什么！我的花最美了！”

“那是无常的。”

“什么是无常的？”

“地理书，”地理学家说，“是所有书籍中最严谨的，它从不过时。一座山会移动位置，那是非常罕见的，也很少有一片海洋会干涸。我们只记录那些永恒的东西。”

“可是死火山也会再活过来。”小王子打断他的话说，“‘无常’是什么意思？”

“无论是死的还是活过来的火山，”地理学家说，“在我们这儿都一样，照我们看来都是山。山是不变的。”

“那什么是‘无常的’？”小王子又问，在一生中，他从不放弃自己问过的任何一个问题。

“也就是说‘随时都有再次消失的危险’。”

“我的花也随时有可能凋零么？”

“当然。”

“我的花朝不保夕，”小王子说，“她只有四根刺来对抗整个世界！而我却把她独自留在家里！”

他第一次感觉到一阵懊悔。可他还是鼓足勇气问：

“你觉得我下一站去哪儿好呢？”

“去地球。”地理学家回答说，“它的名声很好。”

小王子走了，一路想着他的花。

十六

第七个星球就是地球了。

地球可不是一般的星球！这里有一百一十一个国王（可别忘了还有黑人国王呢），七千个地理学家，九十万个商人，七百五十万个酒鬼，还有三亿一千一百万个自大狂，也就是说将近二十亿个大人。

为了让你对地球的尺寸有个概念，我告诉你，在发明电之前，在六大洲上，需要一支由四十六万两千五百一十一个点灯人组成的真正的点灯大军来负责点灯。

从远处来看，那景象光辉灿烂。这支军队的行踪，就好像剧院中的芭蕾舞演出那样秩序井然。首先出场的是新西兰和澳大利亚的点灯队，点亮灯火之后，他们就去睡觉了。紧接着就由中国和西伯利亚的点灯队上场表演，随后他们又折回幕后。这时，就轮到俄国和印度的点灯人出场，然后是非洲和欧洲的队伍。然后是南美，再后来是北美洲的队伍。他们上场的顺序从没出过任何差错。那真是神奇壮观。

只有北极那盏孤灯的点灯人和他的同行——南极的点灯人，过着懒洋洋、慢悠悠的生活：他们一年只工作两次。

十七

要想传神，就得适当编一点故事，在说到点灯人的时候，我就不那么诚实。对于那些不了解我们这个星球的人，恐怕我会让他们产生一种错误的印象。在地球上，人们只占了很小的一席之地，如果二十亿人像开会一样聚在一起，站得稍微紧凑一点，一个二十平方英里的广场就绰绰有余。而最小的一座太平洋岛屿也足够装得下全人类。

大人们自然不会相信。他们自认为占据了大片的领地，而且把自己看得像猴面包树一样重要。你可以建议他们去计算一下，他们不是崇拜数据么？所以一定很乐意。但你可别浪费时间去干这种傻事。相信我，这是白费力气。

小王子一到地球上就感觉非常惊讶，眼前空无一人，怕是自己走错了地方。就在这时候，一个月白色的光环在沙地上游动。

“夜里好！”小王子试探性地问。

“夜里好！”蛇说。

“我掉到哪个星球上来了？”

“掉到地球上来了，这儿是非洲。”蛇回答说。

“如果有一天你怀念你的星球，我可以帮你。”

“啊！……这么说地球上一个人也没有？”

“这里是沙漠，沙漠上一个人也没有。地球很大。”蛇说。

小王子坐在一块石头上，抬头仰望天空：

“我在想，”他说，“群星闪闪发光，是不是为了有朝一日，让每个人都能找回属于他的那一颗？看我的星辰，她就在我们的头顶上……可她是那么的遥远！”

“她真美，”蛇说，“你来这儿做什么？”

“我和一朵花出了点问题。”

“啊！”蛇说。

随后，他们都陷入沉默。

“人都到哪去了？”小王子终于又开口说，“一个人在沙漠里会感觉有点孤独……

“在人群中也一样孤独。”蛇说。

小王子久久地望着它：

“你真是个奇怪的动物，”他又说，“细得像根手指头……”

“可我比国王的手指更有力量。”蛇说。

小王子笑了：

“你没那么强……你连爪子都没有……根本走不远……”

“我要是带上你，保证比船走得更远。”蛇说。

它缠住了小王子的脚踝，像一只金项圈。

“我碰到谁，就会把他带回到他出生的尘土中去，”蛇又说，“可你纯洁无瑕，你是从一颗星星上落下来的……”

小王子什么也没有说。

“我很同情你，在这花岗岩的大地上，你是那么的孱弱。如果有一天你怀念你的星球，我可以帮你，我可以……”

“噢，我全懂了，”小王子说，“可你说话为什么总是用谜语呢？”

“我会解开所有的谜。”蛇说。

随后，他们都陷入沉默。

十八

小王子穿过沙漠，一路上他只碰见一朵花，一朵只有三个花瓣的花，一朵很不起眼的花……

“你好！”小王子说。

“你好！”花说。

“人都上哪儿去了？”小王子很有礼貌地问。

有一天，花朵曾看见一支沙漠商队经过。

“人么？确实有过，我想大概有六七个吧。几年前我倒是见过，不过早就无影无踪了。风领着他们漫步，他们没有根，受了不少苦。”

“再见。”小王子说。

“再见。”花朵说。

十九

小王子登上一座高山。以往在他心目中，只有三座膝盖那么高的火山。他把那座死火山当成了一张凳子。“站在这么高的山上，”他对自己说，“一眼就可以看清整个星球，所有的人……”可他除了锋利的岩石，什么也看不见。

“你好。”小王子想碰碰运气。

“你好……你好……你好……”回音应答。

“你们是谁？”小王子问。

“你们是谁……你们是谁……你们是谁……”回音应答。

“做我的朋友吧，我很孤独。”他说。

“我很孤独……我很孤独……我很孤独……”回音应答。

多么奇怪的星球啊，他想，如此干燥、嶙峋、贫瘠，缺乏想象力，你说什么，人们就重复什么……而我的星球上有一朵花，她总是率先开口说话……

如此干燥、嶙峋、贫瘠、
缺乏想象力的星球

二十

尽管如此，穿过茫茫沙漠、岩石和雪地，小王子终于发现了一条道路。而道路总是通往有人的地方。

“早晨好！”他说。

这是一座开满玫瑰的花园。

“早晨好！”玫瑰们说。

小王子看着她们，每一朵都像是他的花。

“你们是谁啊？”小王子惊讶地问。

“我们是玫瑰花。”玫瑰们说。

其实我只不过拥有一朵普通的玫瑰

“啊！”小王子说……

他感到十分悲哀。他的花曾经告诉他，宇宙间像她这种花只有她这么一朵。可眼前这一座花园里，同样的花就有五千朵！

她一定很恼火，他想，要是她看见这些花……她一定会故意咳嗽得特别厉害，好像要死了一样，以此来逃避我的嘲弄。而我呢，必须得做出一副精心呵护的样子，因为如果不这样，为了让我内疚，她可能真的会死掉的……

随后他又对自己说：“我曾因为拥有一朵独一无二的花而感到如此富有，但其实我只不过拥有一朵普通的玫瑰。可就凭她，还有我的那三座只到膝盖的火山，其中一座还总是熄灭的，我就算是一个伟大的王子了？……”他于是趴在草地上，痛哭起来。

二十一

这时狐狸出现了。

“你好。”狐狸说。

“你好。”小王子很有礼貌地回答，他转过身去，却什么也没看见。

“我在这儿呢，”一个声音回答，“在苹果树下……”

“你是谁？”小王子说，“你真漂亮……”

“我是一只狐狸。”狐狸说。

“过来跟我玩吧，”小王子建议说，“我太伤心了……”

“我不能跟你玩，”狐狸说，“我还没被驯养呢。”

“啊！对不起。”小王子说。

可想了一想，他又问：

“‘驯养’是什么意思？”

“你不是这儿的，”狐狸说，“你在这儿找什么？”

“我找人，”小王子说，“‘驯养’是什么意思？”

“人么，”狐狸说，“他们有枪，又喜欢打猎。这真要命！还养母鸡，他们就这点爱好。你要找母鸡么？”

“不，”小王子说，“我找朋友。‘驯养’是什么意思？”

“这事总是被忽略，”狐狸说，“它的意思就是‘建立一种约束……’”

“建立一种约束？”

“当然，”狐狸说，“对我来说你只是个小男孩，和十万个别的小男孩没什么区别。我不需要你，你也不需要我。对你来说，我不过是只狐狸，和十万只别的狐狸没什么区别。但如果你驯养了我，我们就将彼此需要。对我来说你将是世界上唯一的，对你来说我也将是唯一的……”

“如果你驯养了我，我们就将彼此需要。”

“我有点懂了。”小王子说，“有一朵花，我想，她是在驯养我……”

“有可能。”狐狸说，“在这个地球上，什么事都有可能发生……”

“噢！那不是在地球上。”小王子说。

“他们有枪，又喜欢打猎。这真要命！”

狐狸显得非常惊讶：

“在别的星球上？”

“是的。”

“那个星球上也有猎人么？”

“没有。”

“这真有意思！那儿有母鸡么？”

“没有。”

“唉，世界上没有十全十美的事。”狐狸叹了口气说。

不一会儿，狐狸又回到他的思路上：

“我的生活很单调。我捉鸡，人捉我。所有的母鸡都很相像，所有的猎人也差不多。所以我心里烦闷，如果你能驯养我，我的生命将从此辉煌。我能听出一种脚步声，它和别的脚步声都不一样。别的脚步声只能让我钻进地洞，而你的脚步声却像音乐一样召唤我，让我从洞里钻出。你看，那片麦田，你看见了么？我不吃面包，麦子对我没用。麦田丝毫也不能触动我，真是不幸！如果你能驯养我，那简直太棒了！麦子也是金色的，会让我想起你，我会喜欢风吹麦浪的沙沙声……”

狐狸沉默良久，凝望着小王子。

“请你……驯养我吧！”他说。

“我很愿意，可我没时间，我还有朋友需要发现，还有很多事物要去了解。”

“你只能了解你所驯养的东西。”狐狸说，“再也没有时间去了解别的什么。人们只去商店买现成的东西。但正像商店里买不来朋友，人类也没有朋友。如果你想找个朋友，就驯养我吧！”

“那需要做什么呢？”

“需要耐心，”狐狸说，“一开始，你坐在草丛中，离我稍远一点。我斜着眼睛看你一眼，你什么也别说。语言是造成误解的根源。但你可以每天向我靠近一点……”

第二天，小王子又来了。

“你最好每天同一个时间来，”狐狸说，“比如说，你每天下午四点钟来，三点钟我就开始暗暗兴奋了。时辰越近，我越开心。到了四点，我已经坐立不安了：我将见证幸福的代价！但如果你随便什么时候来，我就不知道应当在什么时候预备怎样的心情了……凡事都要有个定期。”

“什么是定期？”

“这也是常常被忽略的事，”狐狸说，“就是说这一天不同于别的日子，这一会儿又区别于其他时辰。比如说，猎人们就有定期，他们每星期四和姑娘们在村里跳舞。这样每星期四就是一个美妙的日子！我可以一直漫步到葡萄园。如果猎人随便什么时候跳舞，那样每天都差不多，我就再没有一天安稳日子了。”

于是小王子驯养了狐狸。当分别的日子临近时：

“啊！”狐狸说，“我要哭了。”

“这都怪你，”小王子说，“我为了你好，可你非要让我驯养你……”

“当然。”狐狸说。

“可你又要哭！”小王子说。

“当然。”狐狸说。

“可见你一无所获！”

“我得到了，”狐狸说，“那麦子的颜色。”

随后他又补充了一句：

“再去看看那些玫瑰，你会懂得你的那朵是世上唯一的。然后再来和我告别，我会送你一个秘密作为礼物。

小王子又去看了那些玫瑰：

“你们一点也不像我的玫瑰，你们还什么都不是呢，”他对她们说，“没有人驯养你们，你们也没有驯养任何人。你们就好像我的狐狸从前那样，它不过是只狐狸，与别的十万只狐狸没有任何区别。可我和它交了朋友，它现在就是世上唯一的。”

玫瑰们感到很不自在。

“你们很美，但却是空的，”他接着又对她们说，“没有人会为你们去死。当然，在一个平常的过路人看来，我的玫瑰对于我，和你们没有什么区别。但她是唯一的，她比你们全都重要，因为我浇灌过她；因为我把她罩在玻璃罩下面；因为我为她立了一道屏风挡风避雨；因为我为她杀死了毛毛虫（除了为蝴蝶留的两三只）；因为我听她抱怨，听她自我炫耀，并任她沉默。因为她是我的玫瑰。”

他又回到狐狸身边：

“永别了。”他说。

“永别了。”狐狸说，“现在我告诉你我的秘密，再简单不过：只有用心才能看清，本质是眼睛所看不见的。”

“本质是眼睛所看不见的。”小王子又重复了一遍，为了铭记

在心。

“是你为玫瑰付出的心血，才使你的玫瑰变得那么重要。”

“是我为玫瑰付出的心血……”小王子又重复了一遍，为了铭记在心。

“人们忘记了这个真理，”狐狸说，“可你不该忘记，你时刻都要对你所驯养的负起责任，你要对你的玫瑰负责。”

“我要对我的玫瑰负责……”小王子又重复了一遍，为了铭记在心。

“我要对我的玫瑰负责……”

二十二

“你好！”小王子说。

“你好！”扳道工说。

“你在这儿做什么？”小王子问。

“我在拣选旅客，一千人一捆。”扳道工说，“然后发送列车，把他们带走，列车时而往右，时而往左。”

明晃晃的列车呼啸而过，轰隆隆犹如电闪雷鸣，震得机房瑟瑟发抖。

“他们太急迫了，”小王子说，“他们要去找什么？”

“连火车头上的人也不知道。”

又一列明晃晃的列车从反方向呼啸而来。

“他们已经回来了？”小王子问。

“这是另一批人。”扳道工说，“火车是对开的。”

“他们对自己待的地方不满意么？”

“人不管待在哪儿都不满意。”扳道工说。

第三辆灯火通明的快车又呼啸而过。

“他们在追第一批旅客么？”小王子问。

“他们谁也不追，”扳道工说，“他们在里面睡觉或打哈欠。只有孩子才会把鼻子贴在车窗上不停地张望。”

“只有孩子知道他们在找什么，”小王子说，“他们在一个布娃娃上倾注了心血，所以这个布娃娃对他们就很重要。如果人们把她夺走，他们就会哭……”

“他们真幸运。”扳道工说。

二十三

“你好。”小王子说。

“你好。”商人说。

这是一个卖止渴药的商人，每周服用一片他的药，人就不觉得渴了。

“你为什么要卖这种药呢？”

“因为可以省下大量的时间。据专家计算，每周可以节约五十三分钟。”

“省下这五十三分钟干什么用呢？”

“做他们想做的事情……”

“我呢，”小王子对自己说，“要是我有五十三分钟可以随便干什么，我就会不紧不慢地走向泉水边……”

泉水叮咚

二十四

我的飞机在沙漠中出故障，到现在已经八天过去了，听着商人的故事，我喝完了贮存的最后一滴水。

“啊！”我对小王子说，“你的回忆真美，可我的飞机还没修好呢。我一点喝的也没了。如果可以，我也很想不紧不慢地走向泉水边！”

“我的朋友狐狸……”他对我说。

“我的小男孩，别再提狐狸了！”

“为什么？”

“这儿人都要渴死了……”

他对我的解释不以为然，他说，“能有一个朋友也值了，就算快要死了。我就有一个狐狸朋友，多好呀……”

“可他没有意识到危险，”我想，“他既不饿，也不渴，晒晒太阳就足够了……”

而他似乎看穿了我的心思，对我说：

“我也渴了……我们一起去找一口水井……”

我疲惫地垂落双手：在这茫茫无垠的沙漠上，漫无目的地找一口水井，岂不是很荒唐。可我们还是出发了。

我们默默地走了数小时之后，夜色降临，星辰熠熠。因为干渴发热，我感觉星辰都闪在梦中，小王子的话语，在我模糊的意识中翩翩起舞：

“你也渴了，是么？”我对他说。

可他并不回答我的问题，却说：

“水对心灵也很有益处……”

我不明白他的意思，只是沉默不语，我知道这会儿不该问他任何问题。

他累了，就坐下来。我坐在他身边。一阵沉默之后，他又说：“星星之所以美，因为有一朵看不见的花……”

我说“当然”，而后就默默凝视着月光下沙滩上的粼粼波纹。

“沙漠真美。”他又说……

真的，我向来爱沙漠。我们坐在沙丘上，什么也看不见，什么也听不见，而这时，什么东西在静静发光……

“沙漠之所以美丽，”小王子说，“是因为在不知什么地方，藏着一泓清水……”

一阵惊喜，我突然间明白了沙漠中的神秘闪光。小时候，我住在一所老房子里，传说地底下埋藏着珍宝，当然没有人找到它，或许根本就没去找，但它却使整个老屋充满魔力。我的老屋将一个秘密深藏心底。

“的确，房屋、星辰和沙漠一样，之所以美，是因为藏着看不见的东西！”

“我很高兴，你和我的狐狸看法一致。”

小王子睡着了，我就将他抱在怀里，继续赶路。我的内心暗自激荡，我感觉自己正抱着一个脆弱的珍宝。而在这个地球上，看来再也没有什么比他更脆弱的了。看着月光下他苍白的额头，紧闭的双眼，风中飘动的发绺，我不禁对自己说：“我在此看见的仅仅是个躯壳，最重要的东西眼睛是看不见的……”

他半张的嘴唇这时露出一丝微笑，我又想，这个熟睡的小王子最让我感动的，就是他对一朵花的忠诚。正是那玫瑰的图景，像灯芯的火苗一样照亮他，即使在他熟睡的时候……我因而更心疼他的脆弱了。真应当好好维护这些灯：一阵风就可能将它们吹灭……

就这样走着走着，黎明时分，我发现了水源。

二十五

“人们，”小王子说，“挤进特快列车，却已经忘了自己要寻找什么，只是焦躁不安地来回兜圈子……”

他接着说：

“何苦来呢……”

我们找到的这口水井与撒哈拉沙漠上的水井很不一样，撒哈拉沙漠上的水井只是在沙地里挖一个洞，我们找到的却好像是一口乡村水井。而放眼望去，这里又没有一座乡村，我简直怀疑是在做梦。

“真是奇妙，”我对小王子说，“什么都齐了：辘轳、水桶和绳子……”

他笑了，摸摸绳子，转转轱辘。轱辘咕咕呻吟，好像古老的风向标转动着一阵沉睡已久的长风。

“你听，”小王子说，“我们唤醒了这口井，它在唱歌……”

我不愿让他费力气：

“我来吧，”我对他说，“它太沉了，你拉不动。”

我慢慢吊起水桶，垂直放到井边。在我耳边仍回荡着轱辘的

歌声，在依然颤动的水里，我看见颤抖的太阳。

“我真想喝这里的水呀，”小王子说，“给我喝一口……”

我终于知道小王子在寻找什么了，我把水桶提到他的唇边，他闭着眼睛喝水，像过节一样甜美。这水可不同于一般的饮食，她来自星空下的奔走、井水的歌唱和我双臂的劳作。她像礼物一样有助于心灵。当我还是一个小男孩的时候，正是那圣诞树上的彩灯、弥撒之夜的音乐、甜蜜的微笑，使我收到的圣诞礼物闪闪发光。

“你们那里的人，”小王子说，“在同一个园地里种五千朵玫瑰……他们并没有找到他们想要的……”

“他们没找到。”我回答说……

“而他们寻找的，也许就存在于一朵花或一湾水中……”

“当然。”我说。

小王子又补充说：

“眼睛是看不见的，唯有用心寻找。”

畅饮之后，我深深呼吸。太阳升起的时候，沙漠是蜜

“我们唤醒了这口井，它在唱歌……”

色的。我最喜欢这种蜜色了，可为什么我又因此感伤呢……

“你要遵守诺言，”小王子轻柔地对我说，并再一次坐在我身边。

“什么诺言？”

“你知道……我的羊需要套上面罩……我对这朵花负有责任！”

我从口袋里掏出画稿。小王子一看就笑了：

“你的猴面包树看起来有点像白菜……”

“噢！”

“我还为我的猴面包树而骄傲呢！”

“你的狐狸……他的耳朵……有点像羊角……再说也太长了！”

他还在笑。

“这不公平，我的小男孩，除了封闭的蟒蛇、开放的蟒蛇之外，我别的什么也不会画。”

“噢，可以了，”他说，“孩子们都能看懂。”

我于是给羊画了个面罩，诚惶诚恐地递给他：

“你还有好多想法我不知道呢……”

“你知道，我降落到地球上……到明天就整整一周年了……”

沉默了一会儿，他又对我说：

“我就落在这附近……”

他红着脸。

不知为什么，我再一次感到一种莫名的忧伤，而这时却又想到一个问题：

“这么说来，八天以前我认识你，你独自在这茫茫荒野上漫步并不是偶然的，你正在寻找你着陆的地方？”

小王子依然红着脸。

我又犹豫地问：

“或许，就因为一周年到了？……”

小王子又红了脸。他什么问题也没问。当一个人红了脸，就表示默认了，不是么？

“啊！”我对他说，“我害怕……”

可他回答说：

“你现在应该工作了。你要回到你的机器那儿去。我在这儿等你，你明天晚上再回来……”

可我还是放心不下。我想起了狐狸。如果要被人驯养，你就得冒一点伤心落泪的危险……

二十六

在水井旁边的废墟，有一截古老的石墙。第二天晚上，当我工作之后回来时，远远地就看见我的小王子坐在高墙上，悬着双腿。我听见他说：

“你不记得了？”他说，“根本不是在这里！”

显然另一个声音在回答他，因为他又反驳说：“对！对！日子是这一天，但地方你记错了……”

我继续朝老墙走去，既没有看见人影，也没有听见人声，可小王子却再次反驳道：

“……当然，你会在沙漠上看到我的足迹是从哪里开始的，你就在那里等我。我今天夜里回来。”

距离老墙只有二十米了，可我还是什么也没看见。

小王子还在时断时续地说：

“你的毒液灵不灵？你能确保不让我忍受太长的痛苦么？”

我停下脚步，感到一阵揪心，可我还是不明白。

“现在你走吧，”他说，“我要下来了！”

这时，我低头看了一眼墙角，吓了一跳！一条三十秒钟就能置人于死地的土蛇正立在那里，直冲着小王子。我赶紧从口袋里掏出手枪，并冲上前去，可刚一听见响动，那条蛇就像是一道消失的水流，轻轻流进沙漠，而后，又随着一阵轻微的金属声，潜入石缝间。

我赶到近前，恰好双手接住我那孱弱的小王子，只见他的脸色，苍白如雪。

“这是怎么一回事？你怎么跟蛇说起话来了！”

我解开他始终戴着的金色围巾，蘸湿他的太阳穴，又给他喝了点水。而这时，我什么都不敢再问了。他庄严地看着我，双手搂住我的脖子。我感觉到他的心跳，就像一只垂死的鸟儿，刚被卡宾枪击中。他对我说：

“我很高兴你终于找出了机器的毛病。你很快就可以回家了……”

“你怎么知道的！”

我正要来告诉他：完全出乎预料，我的故障排除了！

他并没有接我的话，却又说：

“我也是，今天我也要回家了……”

随后，他的语气格外忧伤：

一条三十秒钟就能置人于死地的土蛇正在那里

“路要远得多……艰难得多……”

我分明感觉到有什么不寻常的事情要发生了。我抱着他，像抱着个婴儿，可尽管如此，似乎还是无法阻止他坠落深渊……

他神情严峻，目光迷离：

“我有你的羊，我有羊住的小箱子，还有面罩……”

他忧伤地微笑着。

我等了好久。我感觉到他的身体渐渐回暖。

“小男孩，你害怕了……”

他当然害怕了！可他还是温柔地微笑着：

“今天晚上我会更害怕的……”

一种无可挽回的失落再一次使我的心变得冰凉。我深知，倘若再也听不见他的笑声，我将难以承受。他的笑声对我来说就好像沙漠中的清泉。

“小男孩，我还想听你笑呢……”

但他对我说：

“到今天夜里，正好一周年。我的星辰将正好出现在我去年坠落的地点上方……”

“小男孩，这难道不是一场噩梦么：关于蛇的故事，还有约会和星星……”

可他并不回答我，又对我说：

“重要的东西都是看不见的……”

“当然……”

“花儿也一样。如果你爱上一朵花，她住在一颗星星上，夜里仰望星空，那将是多么甜美，每一颗星星都在开花。”

“当然……”

“就像水一样，由于轱辘和绳索，你给我喝的水就好像音乐一样……你还记得么……她很美。”

“当然……”

“你将看到，夜色、星辰。而我那里太小，没法向你展示我的这一切。这样更好。我的星辰对你来说只是众星之一。而所有的星星都会让你赏心悦目……它们都将成为你的朋友。而后，我将送你一个礼物……”

“重要的东西都是看不见的……”

他还在笑。

“啊！小男孩，小男孩，我爱听你的笑声！”

“这正是我的礼物……就好像流水……”

“你想说什么呢？”

“人们都拥有星辰，可每个人的星辰不同。对于旅行者来说，星辰是向导。对于另一些人，星辰只是一些微光。对于学者来说，星辰是一些疑难问题。对于我的商人，星辰就是黄金。然而所有的星辰都沉默不语。你呢，你将拥有与众不同的星辰……”

“还有呢？”

“当你在夜里仰望星辰，我就住在其中的一颗上面，因为我从其中的一颗星辰发出笑声，你将拥有笑盈盈的星辰！”

他还在笑。

“当你得到安慰（人们总是自我安慰），你将因为认识我而感到欣慰。你将永远是我的朋友，并渴望向我微笑。你会时常打开窗户……你的朋友们会很惊讶地看见你，在仰望天空时，发出会心的微笑。你会自豪地告诉他们：‘是群星，让我不禁微笑！’他们会以为你出了什么问题，其实那是我在跟你开玩笑呢……”

“你将拥有与众不同的星辰……”

他还在笑。

“这就仿佛我并没有给你群星，而给了你许多会笑的小铃铛……”

他还在笑。随后又变得非常严肃。

“今天夜里……你知道……别再回来了。”

“我不离开你。”

“我会看起来病怏怏

的……奄奄一息。正是这样。不要回来了，你没有必要看到这一切……”

“我不离开你。”

而他充满忧伤。

“我跟你说这些……也是因为蛇的缘故 。不能让它咬到你……蛇，都很阴险。它很可能为了取乐就咬你一口……”

“我不离开你。”

但什么东西又让他放下心来 ：

“还真是，它们也没有足够的毒液去咬第二口……”

这一夜，我没看见他上路。他无声无息地消失了。等我好容易又遇见他，他正坚定地快步前行。他只跟我说了句 ：

“啊，你在这儿呢……”

他拉住我的手。可他还是很悲伤 ：

“你错了。你会很痛苦的。我会变得一副要死的样子，可这不是真的……”

我沉默不语。

“你知道。路很遥远。我不能带着这个躯体，它太沉了。”

我沉默不语。

“可正好像放弃一个旧的身躯，不必为旧的身躯伤心……”

我沉默不语。

他有点沮丧，但仍在努力 ：

“这多好，你知道。我也一样会仰望星空，每一颗星星都是一口井，带着生锈的轱辘。所有的星星都向我涌出甘泉，让我畅饮……”

我沉默不语。

“这真有趣！你将有五亿个小铃铛，我将有五亿个喷泉……”

随后他也陷入沉默，因为他在哭泣……

“就是这儿。让我独自走一步。”

因为害怕，他又坐下来。他又说：

“你知道……我的花……我对她负有责任！她是那样脆弱，那样天真，只有四根毫无作用的刺来保护自己，对抗这个世界。”

我也坐下来，因为我已经站不直了。他说：

“好了……就这些……”

他犹豫片刻，又站起身，向前迈了一步。而我已动弹不得。

这时，只见一道金光掠过他的脚踝。他定在那里，一动不动，也没有叫喊，却像一棵树，缓缓倒下；无声无息，因为是倒在沙地里。

他像一棵树，缓缓倒下，无声无息

二十七

现在，当然已经过去六年了……我还没说出这个故事。看见我活着回来，同志们都很高兴。我尽管很伤心，却对他们说：“好累啊……”

我终于稍稍平静下来。也就是说……还没有完全平静。但我知道他已回到他的星球，因为第二天清晨，我没有找到他的身体，他的身体并没有他所说的那么沉重……我喜欢在夜里谛听星辰，它们就好像五亿个铃铛……

可事情并不那么一帆风顺。我给小王子画的面罩忘了配一根皮带，这样他永远也不能把它套在羊嘴上了，这不能不让人担心：“他的星球上会发生什么？很可能羊已经把花给吃了……”

有时我又对自己说：“绝不可能！小王子每天夜里都把他的花罩在玻璃罩里，再说，他一定会看好他的羊……”这样一想，我又释然了，所有的星星也都温柔地笑了起来。

有时我又对自己说：“人们难免疏忽大意，而一次就毁了！万一他哪一天晚上忘了罩玻璃罩，或者他的羊在某一天夜里悄悄溜出来……”那样，所有的铃铛顷刻间就都变成了眼泪！……”

在夜里谛听星辰，它们就好像五亿个铃铛

这里蕴藏着一个巨大的秘密。对于您这样爱小王子的人和对我来说是一样的，如果有一只我们并不认识的羊，在不知什么地方，吃了或没有吃一朵玫瑰，那么，整个宇宙就会完全两样……

请仰望天空，并暗问自己："那只羊它究竟有没有吃掉那朵花？"你将会看到一切的变化……

大人们永远也无法理解，这有多么重要！

这就是，对我来说，全世界最美、最忧伤的图景。与前面的图景一样，可我还是为您又画了一遍，小王子正是在这里出现，又从这里消失的。

用心看这幅图景，以便将来有一天，如果您去非洲沙漠，就能够认出来，如果您碰巧经过这里，我请求您不要匆匆离开，在星空下静候片刻！如果有个孩子向您走来，如果他笑了，如果他的头发是金色的，如果您问他问题，他并不回答，您一定猜到他是谁了。那就帮帮我吧！别再让我如此忧伤：快写信告诉我说，他回来了……

破译《小王子》密码

王以培

如果以小王子的眼光来看《小王子》，我们就不能仅仅从作者的生活经历来寻求作品中的奥秘了 ——“最重要的东西眼睛是看不见的”，只有用心找寻。

作为《小王子》的一名译者，我试图利用“译后记”的一点点特权，在此破译《小王子》的密码。如果错了，是我个人的错；但如果其中包含着一点有益的启示，我会很高兴 —— 就算是为心爱的小王子尽微薄之力吧 —— 谁不愿意小王子重回人间呢？而要做到这一点，必须破译密码，因为密码是可以复制的。而长眠深海的作者，为我们留下了怎样的密码呢？

001 号：“想要传神，就得编故事”

第十七章的开篇第一句话是 Quand on veut faire de l'esprit，il arrive que l'on mente un peu。有人译为“想要卖弄小聪明，就得说一点谎”。这样译，字面上好像很接近，但意思大相径庭。作者在这里之所以“说一点谎”，绝不是为了“卖弄小聪明”，而是“想要传神”，呈现心灵的真实，所以“就得编故事”。所有童话与虚构文学，都含有这份共同的密码。

童话之所以有别于现实，因为现实往往不足以呈现真实。现实中所发生的一切常常为假相所掩盖，而童话创作与其他艺术形式一样，是一个去粗取精、去伪存真的过程——

小王子在玫瑰身上花费了时间（有人竟译成“浪费时间”）；作者在小王子身上倾注了心血。心血浇灌的生命变成了精灵，他与平常的生命有什么区别？

正如希腊的神柱看起来绝对匀称，而实际上，柱顶部分要比下端粗得多，这样人站在地面抬头仰望，看起来才美。当初美国作家艾德加·爱伦·坡（Edgard Allen poe，1809 ~ 1849）就以此为例，说明“艺术夸张”的必要性，他说：“我们不能把一个东西画成真的，而是要把这件东西画得在观众看来像是真的。”我想，文学中的“虚构”也是如此。虚构不是为了更虚，而是为了更实。当小王子、狐狸、玫瑰发出人类心灵的回音时，没有人不相信他们是真的，或者说在阅读文学作品时，人们乐于暂时摆脱现实的束缚，接受另一种真实：相信玫瑰与狐狸，与人类心有灵犀。

《小王子》的作者在有意无意间说出“想要传神，就得编故事”，在我看来这无疑泄露了天机，天机又怎能被误解或错失呢？

我不喜欢挑别人的毛病，深知译一本书错误在所难免。但有些错误会造成黑白颠倒，意义正相反。涉及传神还是貌合神离的问题，我只好严肃对待。这也是我下决心重译《小王子》的原因。

002 号：人类即将失去童年，能将“他”找回来么？

正如灾难来临之前，孩子会哭，动物大多都有预感并会迅速作出反应一样，心性敏感的作者能预知未来，并从内心深处，预感到人类即将面临的困境与灾难。

早在二次大战尚未结束，整个欧洲乃至全世界都还经历着战火洗礼的时候，作者圣 - 埃克苏佩里就在他的一次次飞行任务和人生旅途中，观察自身与人类的处境，并预感到人类即将面临的新的困境：失去童年。而童年在此不仅意味着纯真、善良、质朴，同时意味着智慧、亲切与灵性。

人类好比一个人，随着年龄的增长，逐步丢失了孩童的天真，起初的爱心、好奇心，变得冷漠、麻木，急功近利。因此，小王子只有对着锋利的山岩呼喊：“做我的朋友吧，我很孤独……”而答应他的，只有回音。“多么奇怪的星球啊，他想，如此干燥、嶙峋、贫瘠，缺乏想象力。”而他的生命能找到新的意义么？

我们只知道小王子降临在从前的沙漠，却未曾想他降自未来的现实之中；我们的今天即是小王子的未来，而在可以预见的将来，还会有人在撒哈拉沙漠中遇见小王子么？

回忆人类的心灵处境，在经历了“荒原”之后，又走进“非洲沙漠”。我想，只要怀念童年，那个满头金发、脸色苍白的孩子又会笑盈盈地走来 —— 他曾带回了“蟒蛇吞象”的奇思妙想，带回了绵羊、纸箱、玫瑰、狐狸，带回了小星球、小火山，还有开花的星星、甜美的落日，而今，他又再度回来，带回人类失落的童年。也许小王子本身就是童心、童年 —— 一颗过于敏感的心，早早预感到他要离开，预先呼唤他早日归来。

科学技术的发展使儿童早熟，成人遗忘。良知与道德的败坏，伴随着“猴面包树”四处疯长。现如今，当人们说起一个孩子时，有谁会问：他的声音好听么？他收藏蝴蝶么？人们所关心的还不是：他考试得多少分？他爸挣多少钱？

时代的发展恐怕远远超出了小王子的想象，当他的预感一一得到证实，当年他所遇见的国王、自大狂、酒鬼、商人、地理学家等等层出不穷，覆盖了整个世界时，无辜的小王子，会感到欣慰还是悲哀？

003：普遍的愿望，隐含于孤独的内心

如果对照作品与作者的个人经历，我们就会发现，《小王子》中的寓言大多直接来自作者的个人体验。尽管作者的人生经历与作品本身不能画等号，但可以看出它们的关联：作者果然是个勇敢的飞行员，在一次次飞行中自我反省，并从高空俯瞰人类的处境。

1935 年，作者离开了妻子，试图从巴黎飞往西贡，结果遭遇飞行事故，飞机坠落北非沙漠，他与助手一起，在沙漠中走了三

天三夜，经历了自称的“灵魂之旅”；他还真的在北非沙漠驯养过一只狐狸……凡此种种，都有案可查，但作者的心灵体验却无迹可寻。我们只有从作品中寻找蛛丝马迹，并相信这一切都是真实的。

对照《小王子》与作者圣-埃克苏佩里，我们一方面可以看到其中的关联，而更重要的是发现其中的隐秘：原来越是个性化的感受越具有普遍性；人世间最普遍的情感、真理，恰恰隐藏于最孤独、最纯洁的心灵。

先知卢梭曾著有《一个孤独漫步者的遐想》，其实，《小王子》也可以换成这个题目。《小王子》的作者秉承了先辈的“多愁善感”，同样是在自然深处、自我的内心深处，通过认识自己而认识世界、发现世界。卢梭以为，上帝在造了他之后就将那个模子打碎，可历史证明，那个模子里的那颗心是人类普遍共有的，或者说他代表了人类普遍的良知、情感与共同的心愿：渴望返璞归真，回到自我的童年、人类的童年，并从中获得本质的爱与自由。这样看来，小王子也并非横空出世，他来自的那颗只有一朵玫瑰、三座小火山的星球不是别的，正是生活在人世间的一颗孤独的心灵。

事物是辩证的，当一位作者只想让几个同人破一时之闷时，却不曾想解了世纪之忧，破了民族烦闷。相反，忽略了自身的灵魂与命运而向外求真理的人，不仅求之不得，连自身也迷失掉了。《小王子》的密码中正包含这样的启示：大千世界的普遍真理不在别处，正隐藏在一个孤独者的内心深处。

004：他为自己的民族找回了自尊自信

20 世纪后半期，作者圣 - 埃克苏佩里的头像和小王子一同被印在 50 法郎的纸币上，小王子已然成为法兰西的骄傲，而它的作者也成为民族英雄。是什么原因使一个童话作者享有如此荣耀？

我想除了文学本身，还有时代和历史的原因。而有关这一点，好像一直被人忽略，法国人似乎也不愿提及。《小王子》作于 1942 年，1943 年出版。当时正值第二次世界大战，法国的马其诺防线不堪一击。巴黎沦陷，整个法国被纳粹德军占领。戴高乐领导的抵抗组织转入地下；贝当傀儡政权与希特勒媾和。可想而知，当希特勒站在敞篷车上，在纳粹军队的欢呼声中不可一世地进入巴黎时，全体法国人会是怎样一种心情。尽管二战结束之后，法国作为战胜国收回了主权与失地，但一度失去的自尊、自信，一时间却难以挽回。而《小王子》与作者的其他一些作品，如《人的大地》(1939 年 2 ～ 6 月，法国于当年 9 月对德宣战)、《战区飞行员》(1942 年)、《给人质的一封信》(1943 年)，恰恰出版于这一时期。有人将《战区飞行员》评价为“对希特勒《我的奋斗》的最有力的反击”；而我相信，《小王子》也是法国人战胜自我、战胜强敌的秘密武器。在现实中的战争结束之后，心灵的战斗还在持续。而时间证明，孤独、柔弱的小王子赢得了最后的胜利：正如玫瑰用她的四根刺抵御整个世界；法兰西派出一个小王子，至今所向无敌。

可见《小王子》之所以成功，不仅仅是作者个人的功劳与幸运，其中还包含着法兰西民族集体的智慧和努力。因为他们最终意识到，正是这样的人、这样的作品与这样的心灵，帮助受伤的法兰西找回了一度丢失的自尊、自信，赢得了全世界的仰慕和尊敬。

005：心中的答案：要爱情，只要小小的爱情

美国现代歌手鲍勃·迪伦在向世人提出一系列深切的询问之后，不禁感叹："答案它在风中飘。"而小王子人虽小，心中却有明确的答案：要爱情，只要小小的爱情。

纷乱、残酷的现实，小王子视而不见，他却用心看见另一个世界：花朵在她的绿色小屋中不停地出落，小心翼翼地选择颜色，一瓣一瓣地穿上花衣，"她不愿像罂粟那样刚一露面就现出皱纹，她要一出世就光彩照人。啊，她风姿卓越！因此，她得日复一日地神秘梳妆。直到一天清晨，太阳刚刚升起的时候，她终于绽开了……"

从前，老博士浮士德告诉人们：“永恒之女性，引领我们上升。”而后来，小王子在他漫长的旅途中，一路回想着心中的玫瑰。玫瑰色的爱情使他在虚无的人生中，茫茫宇宙间，找到生命的意义——

“我绝对不该逃跑！我本应从她可怜的伎俩中想见她的片片柔情。”“我的花……我对她负有责任！”对小王子来说，整个星空是五亿颗微笑、发光的小铃铛，或是满眼的伤心泪，仅仅取决于那朵玫瑰！

小王子的玫瑰不是神灵，胜似神灵；他的爱情不是宗教，胜似宗教；他从小小的花朵中重新认识了大千世界，并从现实中的唯一，找出万事万物的本质和意义。

本质是看不见的，它存在于每个人的心底。但她分明存在着，生命因她而获得了价值和意义。而在现实中，最强大的却显得最弱小，一只绵羊就能将她一口吞噬。无论是发现她，保护她，都只有用心。

小王子是个唯灵论者或仅仅是个纯真的孩子？无论如何，借主耶稣的话说：“让小孩到我这里来，不要禁止他们，因为在天国的，正是像这样的人（《新约·马太福音》19 章 14 节）。”

以上是以小王子的眼光来看《小王子》所发现的几条密码。密码是可以复制的，而小王子却藏在每个人的心里。

À Léon Werth

Je demande pardon aux enfants d'avoir dédié ce livre à une grande personne. J'ai une excuse sérieuse: cette grande personne est le meilleur ami que j'ai au monde. J'ai une autre excuse: cette grande personne peut tout comprendre, même les livres pour enfants. J'ai une troisième excuse: cette grande personne habite la France où elle a faim et froid. Elle a bien besoin d'être consolée. Si toutes ces excuses ne suffisent pas, je veux bien dédier ce livre à l'enfant qu'a été autrefois cette grande personne. Toutes les grandes personnes ont d'abord été des enfants. (Mais peu d'entre elles s'en souviennent). Je corrige donc ma dédicace:

À Léon Werth
quand il était petit garçon

I

Lorsque j'avais six ans j'ai vu, une fois, une magnifique image, dans un livre sur la Forêt vierge qui s'appelait *Histoires Vécues*. Ça représentait un serpent boa qui avalait un fauve. Voilà la copie du dessin.

On disait dans le livre:«Les serpents boas avalent leur proie toute entière, sans la mâcher. Ensuite ils ne peuvent plus bouger et ils dorment pendant les six mois de leur digestion.»

J'ai alors beaucoup réfléchi sur les aventures de la jungle et, à mon tour, j'ai réussi, avec un crayon de couleur, à tracer mon premier dessin. Mon dessin numéro 1. Il était comme ça:

J'ai montré mon chef-d'oeuvre aux grandes personnes et je leur ai demandé si mon dessin leur faisait peur.

Elles m'ont répondu: «Pourquoi un chapeau ferait-il peur?»

Mon dessin ne représentait pas un chapeau. Il représentait un serpent boa qui digérait un éléphant. J'ai alors dessiné l'intérieur du serpent boa, afin que les grandes personnes puissent comprendre. Elles ont toujours besoin d'explications. Mon dessin numéro 2 était comme ça:

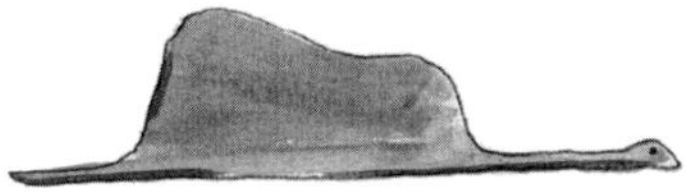

Les grandes personnes m'ont conseillé de laisser de côté les dessins de serpents boas ouverts ou fermés, et de m'intéresser plutôt à la géographie, à l'histoire, au calcul et à la grammaire. C'est ainsi que j'ai abandonné, à l'âge de six ans, une magnifique carrière de peintre. J'avais été découragé par l'insuccès de mon dessin numéro 1 et de mon dessin numéro 2. Les grandes personnes ne comprennent jamais rien toutes seules, et c'est fatigant, pour les enfants, de toujours et toujours leur donner des explications.

J'ai donc dû choisir un autre métier et j'ai appris à piloter des avions. J'ai volé un peu partout dans le monde. Et la géographie, c'est exact, m'a beaucoup servi. Je savais reconnaître, du premier coup d'oeil, la Chine de l'Arizona. C'est très utile, si l'on s'est égaré pendant la nuit.

J'ai ainsi eu, au cours de ma vie, des tas de contacts avec des tas de gens sérieux. J'ai beaucoup vécu chez les grandes personnes. Je les ai vues de très près. Ça n'a pas trop amélioré mon opinion.

Quand j'en rencontrais une qui me paraissait un peu lucide, je faisais l'expérience sur elle de mon dessin numéro.1 que j'ai toujours conservé. Je voulais savoir si elle était vrainment compréhensive. Mais toujours elle me répondait: «C'est un chapeau.» Alors je ne lui parlais ni de serpents boas, ni de forêts vierges, ni d'étoiles. Je me mettais à sa portée. Je lui parlais de bridge, de golf, de politique et de cravates. Et la grande personne était bien contente de connaître un homme aussi raisonnable.

II

J'ai ainsi vécu seul, sans personne avec qui parler véritablement, jusqu'à une panne dans le désert du Sahara, il y a six ans. Quelque chose s'était cassé dans mon moteur, Et comme je n'avais avec moi ni mécanicien, ni passagers, je me préparai à essayer de réussir, tout seul, une réparation difficile. C'était pour moi une question de vie ou de mort. J'avais à peine de l'eau à boire pour huit jours.

Le premier soir je me suis donc endormi sur le sable à mille milles de toute terre habitée. J'étais bien plus isolé qu'un naufragé sur un radeau au milieu de l'océan. Alors vous imaginez ma surprise, au lever du jour, quand une drôle de petite voix m'a réveillé. Elle disait:

—S'il vous plaît... dessine-moi un mouton!

—Hein!

—Dessine-moi un mouton...

J'ai sauté sur mes pieds comme si j'avais été frappé par la foudre. J'ai bien frotté mes yeux. J'ai bien regardé. Et j'ai vu un petit bonhomme tout à fait extraordinaire qui me considérait gravement. Voilà le meilleur portrait que, plus tard, j'ai réussi à faire de lui. Mais mon dessin, bien sûr, est beaucoup moins ravissant que le modèle. Ce n'est pas ma faute. J'avais été découragé dans ma carrière de peintre par les grandes personnes, à l'âge de six ans, et je n'avais rien appris à dessiner, sauf les boas fermés et les boas ouverts.

Je regardai donc cette apparition avec des yeux tout ronds

d'étonnement. N'oubliez pas que je me trouvais à mille milles de toute région habitée. Or mon petit bonhomme ne me semblait ni égaré, ni mort de fatigue, ni mort de faim, ni mort de soif, ni mort de peur. Il n'avait en rien l'apparence d'un enfant perdu au milieu du désert, à mille milles de toute région habitée. Quand je réussis enfin à parler, je lui dis:

—Mais...qu'est-ce que tu fais là?

Et il me répéta alors, tout doucement, comme une chose très sérieuse:

—S'il vous plaît... dessine-moi un mouton...

Quand le mystère est trop impressionnant, on n'ose pas désobéir. Aussi absurde que cela me semblaît à mille milles de tous les endroits habités et en danger de mort, je sortis de ma poche une feuille de papier et un stylographe. Mais je me rappelai alors que j'avais surtout étudié la géographie, l'histoire, le calcul et la grammaire et je dis au petit bonhomme (avec un peu de mauvaise humeur) que je ne savais pas dessiner. Il me répondit:

—Ça ne fait rien. Dessine-moi un mouton.

Comme je n'avais jamais dessiné un mouton je refis, pour lui, l'un des deux seuls dessins dont j'étais capable. Celui du boa fermé. Et je fus stupéfait d'entendre le petit bonhomme me répondre:

—Non! Non! Je ne veux pas d'un éléphant dans un boa. Un boa c'est très dangereux, et un éléphant c'est très encombrant. Chez moi c'est tout petit. J'ai besoin d'un mouton. Dessine-moi un mouton.

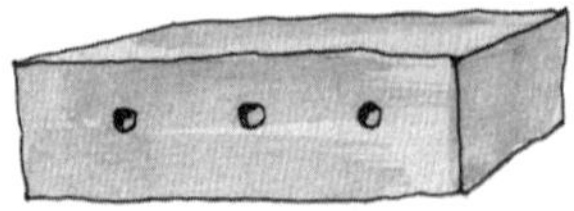

Alors j'ai dessiné.

Il regarda attentivement, puis:

—Non! Celui-là est déjà très malade. Fais-en un autre.

Je dessinai.

Mon ami sourit gentiment, avec indulgence:

—Tu vois bien... ce n'est pas un mouton, c'est un bélier. Il a des cornes...

Je refis donc encore mon dessin.

Mais il fut refusé, comme les précédents:

—Celui-là est trop vieux. Je veux un mouton qui vive longtemps.

Alors, faute de patience, comme j'avais hâte de commencer le démontage de mon moteur, je griffonnai ce dessin-ci.

Et je lançai:

—Ça c'est la caisse. Le mouton que tu veux est dedans.

Mais je fus bien surpris de voir s'illuminer le visage de mon jeune juge:

—C'est tout à fait comme ça que je le voulais! Crois-tu qu'il faille beaucoup d'herbe à ce mouton?

—Pourquoi?

—Parce que chez moi c'est tout petit...

—Ça suffira sûrement. Je t'ai donné un tout petit mouton.

Il pencha la tête vers le dessin:

—Pas si petit que ça... Tiens! Il s'est endormi...

Et c'est ainsi que je fis la connaissance du petit prince.

III

Il me fallut longtemps pour comprendre d'où il venait. Le petit prince, qui me posait beaucoup de questions, ne semblait jamais entendre les miennes. Ce sont des mots prononcés par hasard qui, peu à peu, m'ont tout révélé. Ainsi, quand il aperçut pour la première fois mon avion (je ne dessinerai pas mon avion, c'est un dessin beaucoup trop compliqué pour moi) il me demanda:

—Qu'est-ce que c'est que cette chose-là?

—Ce n'est pas une chose. Ça vole. C'est un avion. C'est mon avion.

Et j'étais fier de lui apprendre que je volais. Alors il s'écria:

—Comment! tu es tombé du ciel!

—Oui, fis-je modestement.

—Ah! ça c'est drôle!...

Et le petit prince eut un très joli éclat de rire qui m'irrita beaucoup. Je désire que l'on prenne mes malheurs au sérieux. Puis il ajouta:

—Alors, toi aussi tu viens du ciel! De quelle planète es-tu?

J'entrevis aussitôt une lueur, dans le mystère de sa présence, et j'interrogeai brusquement:

—Tu viens donc d'une autre planète?

Mais il ne me répondit pas. Il hochait la tête doucement tout en regardant mon avion:

—C'est vrai que, là-dessus, tu ne peux pas venir de bien loin...

Et il s'enfonça dans une rêverie qui dura longtemps. Puis, sortant mon mouton de sa poche, il se plongea dans la contemplation de son trésor.

Vous imaginez combien j'avais pu être intrigué par cette demi-confidence sur «les autres planètes». Je m'efforçai donc d'en savoir plus long:

—D'où viens-tu mon petit bonhomme? Où est-ce "chez toi"? Où veux-tu emporter mon mouton?

Il me répondit après un silence méditatif:

—Ce qui est bien, avec la caisse que tu m'as donnée, c'est que, la nuit, ça lui servira de maison.

—Bien sûr. Et si tu es gentil, je te donnerai aussi une corde pour l'attacher pendant le jour. Et un piquet.

La proposition parut choquer le petit prince:

—L'attacher? Quelle drôle d'idée!

—Mais si tu ne l'attaches pas, il ira n'importe où, et il se perdra.

Et mon ami eut un nouvel éclat de rire:

—Mais où veux-tu qu'il aille!

—N'importe où. Droit devant lui...

Alors le petit prince remarqua gravement:

—Ça ne fait rien, c'est tellement petit, chez moi!

Et, avec un peu de mélancolie, peut-être, il ajouta:

—Droit devant soi on ne peut pas aller bien loin...

IV

J'avais ainsi appris une seconde chose très importante: C'est que sa planète d'origine était à peine plus grande qu'une maison!

Ça ne pouvait pas m'étonner beaucoup. Je savais bien qu'en dehors des grosses planètes comme la Terre, Jupiter, Mars, Vénus, auxquelles on a donné des noms, il y en a des centaines d'autres qui sont quelquefois si petites qu'on a beaucoup de mal à les apercevoir au télescope. Quand un astronome découvre l'une d'elles, il lui donne pour nom un numéro. Il l'appelle par exemple: «l'astéroïde 325.»

J'ai de sérieuses raisons de croire que la planète d'où venait le petit prince est l'astéroïde B 612. Cet astéroïde n'a été aperçu qu'une fois au télescope, en 1909, par un astronome turc.

Il avait fait alors une grande démonstration de sa découverte à un congrès international d'astronomie. Mais personne ne l'avait cru à cause de son costume. Les grandes personnes sont comme ça.

Heureusement pour la réputation de l'astéroïde B 612 un dictateur turc imposa à son peuple, sous peine de mort, de

s'habiller à l'européenne. L'astronome refit sa démonstration en 1920, dans un habit très élégant. Et cette fois-ci tout le monde fut de son avis.

Si je vous ai raconté ces détails sur l'astéroïde B 612 et si je vous ai confié son numéro, c'est à cause des grandes personnes. Les grandes personnes aiment les chiffres. Quand vous leur parlez d'un nouvel ami, elles ne vous questionnent jamais sur l'essentiel. Elles ne vous disent jamais: «Quel est le son de sa voix? Quels sont les jeux qu'il préfère? Est-ce qu'il collectionne les papillons?» Elles vous demandent: «Quel âge a-t-il? Combien a-t-il de frères? Combien pèse-t-il? Combien gagne son père?» Alors seulement elles croient le connaître. Si vous dites aux grandes personnes: «J'ai vu une belle maison en briques roses, avec des géraniums aux fenêtres et des colombes sur le toit...» elles ne parviennent pas à s'imaginer cette maison. Il faut leur dire: «J'ai vu une maison de cent mille francs». Alors elles s'écrient: «Comme c'est joli!»

Ainsi, si vous leur dites, «La preuve que le petit prince a existé c'est qu'il était ravissant, qu'll riait, et quil voulait un mouton. Quand on veut un mouton, c'est la preuve qu'on existe», elles hausseront les épaules et vous traiteront d'enfant! Mais si vous leur dites: «La planète d'où il venait est l'astéroïde B 612», alors elles seront convaincues, et elles vous laisseront tranquille avec leurs questions. Elles sont comme ça. Il ne faut pas leur en vouloir. Les enfants doivent être très indulgents envers les grandes personnes.

Mais, bien sûr, nous qui comprenons la vie, nous nous moquons bien des numéros! J'aurais aimé commencer cette histoire à la façon des contes de fées. J'aurais aimé dire:

«Il était une fois un petit prince qui habitait une planète à peine plus grande que lui, et qui avait besoin d'un ami...» Pour ceux qui comprennent la vie, ça aurait eu l'air beaucoup plus vrai.

Car je n'aime pas qu'on lise mon livre à la légère. J'éprouve tant de chagrin à raconter ces souvenirs. Il y a six ans déjà que mon ami s'en est allé avec son mouton. Si j'essaie ici de le décrire, c'est afin de ne pas l'oublier. C'est triste d'oublier un ami. Tout le monde n'a pas eu un ami. Et je puis devenir comme les grandes personnes qui ne s'intéressent plus qu'aux chiffres. C'est donc pour ça encore que j'ai acheté une boîte de couleurs et des crayons. C'est dur de se remettre au dessin, à mon âge, quand on n'a jamais fait d'autres tentatives que celle d'un boa fermé et celle d'un boa ouvert, à l'âge de six ans! J'essaierai, bien sûr, de faire des portraits le plus ressemblant possible. Mais je ne suis pas tout à fait certain de réussir. Un dessin va, et l'autre ne ressemble plus. Je me trompe un peu aussi sur la taille. Ici le petit prince est trop grand. Là il est trop petit. J'hésite aussi sur la couleur de son costume. Alors je tâtonne comme ci et comme ça, tant bien que mal. Je me tromperai enfin sur certains détails plus importants. Mais ça, il faudra me le pardonner. Mon ami ne donnait jamais d'explications. Il me croyait peut-être semblable à lui. Mais moi, malheureusement, je ne sais pas voir les moutons à travers les caisses. Je suis peut-être un peu comme les grandes personnes. J'ai dû vieillir.

V

Chaque jour j'apprenais quelque chose sur la planète, sur le départ, sur le voyage. Ça venait tout doucement, au hasard des réflexions. C'est ainsi que, le troisième jour, je connus le drame des baobabs.

Cette fois-ci encore ce fut grâce au mouton, car brusquement le petit prince m'interrogea, comme pris d'un doute grave:

—C'est bien vrai, n'est-ce pas, que les moutons mangent les arbustes?

—Oui. C'est vrai.

—Ah! Je suis content!

Je ne compris pas pourquoi il était si important que les moutons mangeassent les arbustes. Mais le petit prince ajouta:

—Par conséquent ils mangent aussi les baobabs?

Je fis remarquer au petit prince que les baobabs ne sont pas des arbustes, mais des arbres grands comme des églises et que, si même il emportait avec lui tout un troupeau d'éléphants, ce troupeau ne viendrait pas à bout d'un seul baobab.

L'idée du troupeau d'éléphants fit rire le petit prince:

—Il faudrait les mettre les uns sur les autres...

Mais il remarqua avec sagesse:

—Les baobabs, avant de grandir, ça commence par être petit.

—C'est exact! Mais pourquoi veux-tu que tes moutons mangent

les petits baobabs?

Il me répondit: «Ben! Voyons!», comme s'il s'agissait là d'une évidence. Et il me fallut un grand effort d'intelligence pour comprendre à moi seul ce problème.

Et en effet, sur la planète du petit prince, il y avait, comme sur toutes les planètes, de bonnes herbes et de mauvaises herbes. Par conséquent de bonnes graines de bonnes herbes et de mauvaises graines de mauvaises herbes. Mais les graines sont invisibles. Elles dorment dans le secret de la terre jusqu'à ce qu'il prenne fantaisie à l'une d'elles de se réveiller. Alors elle s'étire, et pousse d'abord timidement vers le soleil une ravissante petite brindille inoffensive. S'il s'agit d'une brindille de radis ou de rosier, on peut la laisser pousser comme elle veut. Mais s'il s'agit d'une mauvaise plante, il faut arracher la plante aussitôt, dès qu'on a su la reconnaître. Or il y avait des graines terribles sur la planète du petit prince... c'étaient les graines de baobabs. Le sol de la planète en était infesté. Or un baobab, si l'on s'y prend trop tard, on ne peut jamais plus s'en débarasser. Il encombre toute la planète. Il la perfore de ses racines. Et si la planète est trop petite, et si les baobabs sont trop nombreux, ils la font éclater.

«C'est une question de discipline, me disait plus tard le petit prince. Quand on a terminé sa toilette du matin, il faut faire soigneusement la toilette de la planète. Il faut s'astreindre

réguliérement à arracher les baobabs dès qu'on les distingue d'avec les rosiers auxquels ils ressemblent beaucoup quand ils sont très jeunes. C'est un travail très ennuyeux, mais très facile.»

Et un jour il me conseilla de m'appliquer à réussir un beau dessin, pour bien faire entrer ça dans la tête des enfants de chez moi. «S'ils voyagent un jour, me disait-il, ça pourra leur servir. Il est quelquefois sans inconvénient de remettre à plus tard son travail. Mais, s'il s'agit des baobabs, c'est toujours une catastrophe. J'ai connu une planète, habitée par un paresseux. Il avait négligé trois arbustes...»

Et, sur les indications du petit prince, j'ai dessiné cette planète-là. Je n'aime guère prendre le ton d'un moraliste. Mais le danger des baobabs est si peu connu, et les risques courus par celui qui s'égarerait dans un astéroïde sont si considérables, que, pour une fois, je fais exception à ma réserve. Je dis: «Enfants! Faites attention aux baobabs!» C'est pour avertir mes amis d'un danger qu'ils frôlaient depuis longtemps, comme moi-même, sans le connaître, que j'ai tant travaillé ce dessin-là. la leçon que je donnais en valait la peine. Vous vous demanderez peut-être: Pourquoi n'y a-t-il pas, dans ce livre, d'autres dessins aussi grandioses que le dessin des baobabs? La réponse est bien simple: J'ai essayé mais je n'ai pas pu réussir. Quand j'ai dessiné les baobabs j'ai été animé par le sentiment de l'urgence.

VI

Ah! petit prince, j'ai compris, peu à peu, ainsi, ta petite vie mélancolique. Tu n'avais eu longtemps pour distraction que la douceur des couchers de soleil. J'ai appris ce détail nouveau, le quatrième jour au matin, quand tu m'as dit:

—J'aime bien les couchers de soleil. Allons voir un coucher de soleil...

—Mais il faut attendre...

—Attendre quoi?

—Attendre que le soleil se couche.

Tu as eu l'air très surpris d'abord, et puis tu as ri de toi-même. Et tu m'as dit:

—Je me crois toujours chez moi!

En effet. Quand il est midi aux États-Unis, le soleil, tout le monde le sait, se couche sur la France. Il suffirait de pouvoir aller en France en une minute pour assister au coucher du soleil. Malheureusement la France est bien trop éloignée. Mais, sur ta si petite planète, il te suffisait de tirer ta chaise de quelques pas. Et tu regardais le crépuscule chaque fois que tu le désirais...

—Un jour, j'ai vu le soleil se coucher quarrante-quatre fois!

Et un peu plus tard tu ajoutais:

—Tu sais... quand on est tellement triste on aime les couchers de soleil...

—Le jour des quarante-quatre fois tu étais donc tellement triste?

Mais le petit prince ne répondit pas.

VII

Le cinquième jour, toujours grâce au mouton, ce secret de la vie du petit prince me fut révélé. Il me demanda avec brusquerie, sans préambule, comme le fruit d'un problème longtemps médité en silence.

—Un mouton, s'il mange les arbustes, il mange aussi les fleurs?

—Un mouton mange tout ce qu'il rencontre.

—Même les fleurs qui ont des épines?

—Oui. Même les fleurs qui ont des épines.

—Alors les épines, à quoi servent-elles?

Je ne le savais pas. J'étais alors très occupé à essayer de dévisser un boulon trop serré de mon moteur. J'étais très soucieux car ma panne commençait de m'apparaître comme très grave, et l'eau à boire qui s'épuisait me faisait craindre le pire.

—Les épines, à quoi servent-elles?

Le petit prince ne renonçait jamais à une question, une fois qu'il l'avait posée. J'étais irrité par mon boulon et je répondis n'importe quoi:

—Les épines, ça ne sert à rien, c'est de la pure méchanceté de la part des fleurs!

—Oh!

Mais après un silence il me lança, avec une sorte de rancune:

—Je ne te crois pas! Les fleurs sont faibles. Elles sont naïves.

Elles se rassurent comme elles peuvent. Elles se croient terribles avec leurs épines...

Je ne répondis rien. À cet instant-là je me disais: «Si ce boulon résiste encore, je le ferai sauter d'un coup de marteau.» Le petit prince dérangea de nouveau mes réflexions:

—Et tu crois, toi, que les fleurs...

—Mais non! Mais non! Je ne crois rien! J'ai répondu n'importe quoi. Je m'occupe, moi, de choses sérieuses!

Il me regarda stupéfait.

—De choses sérieuses!

Il me voyait, mon marteau à la main, et les doigts noirs de cambouis, penché sur un objet qui lui semblait très laid.

—Tu parles comme les grandes personnes!

Ça me fit un peu honte. Mais, impitoyable, il ajouta:

—Tu confonds tout... tu mélanges tout!

Il était vraiment très irrité. Il secouait au vent des cheveux tout dorés:

—Je connais une planète où il y a un Monsieur cramoisi. Il n'a jamais respiré une fleur. Il n'a jamais regardé une étoile. Il n'a jamais aimé personne. Il n'a jamais rien fait d'autre que des additions. Et toute la journée il répète comme toi: «Je suis un homme sérieux! Je suis un homme sérieux!», et ça le fait gonfler d'orgueil. Mais ce n'est pas un homme, c'est un champignon!

—Un quoi?

—Un champignon!

Le petit prince était maintenant tout pâle de colère.

—Il y a des millions d'années que les fleurs fabriquent des épines. Il y a des millions d'années que les moutons mangent quand même les fleurs. Et ce n'est pas sérieux de chercher à comprendre pourquoi elles se donnent tant de mal pour se fabriquer des épines qui ne servent jamais à rien? Ce n'est pas important la guerre des moutons et des fleurs? Ce n'est pas plus sérieux et plus important que les additions d'un gros Monsieur rouge? Et si je connais, moi, une fleur unique au monde, qui n'existe nulle part, sauf dans ma planète, et qu'un petit mouton peut anéantir d'un seul coup, comme ça, un matin, sans se rendre compte de ce qu'il fait, ce n'est pas important ça!

Il rougit, puis reprit:

—Si quelqu'un aime une fleure qui n'existe qu'à un exemplaire dans les millions et les millions d'étoiles, ça suffit pour qu'il soit heureux quand il les regarde. Il se dit: «Ma fleur est là quelque part...» Mais si le mouton mange la fleur, c'est pour lui comme si, brusquement, toutes les étoiles s'éteignaient! Et ce n'est pas important ça!

Il ne put rien dire de plus. Il éclata brusquement en sanglots. La nuit était tombée. J'avais lâché mes outils. Je me moquais bien de mon marteau, de mon boulon, de la soif et de la mort. Il y avait, sur une étoile, une planète, la mienne, la Terre, un petit prince à consoler! Je le pris dans les bras. Je le berçai. Je lui disais: «La fleur que tu aimes n'est pas en danger... Je lui dessinerai une muselière, à ton mouton... Je te dessinerai une armure pour ta fleur... Je...» Je ne savais pas trop quoi dire. Je me sentais très maladroit. Je ne savais comment l'atteindre, où le rejoindre... C'est tellement mystérieux, le pays des larmes!

VIII

J'appris bien vite à mieux connaître cette fleur. Il y avait toujours eu, sur la planète du petit prince, des fleurs très simples, ornées d'un seul rang de pétales, et qui ne tenaient point de place, et qui ne dérangeaient personne. Elles apparaissaient un matin dans l'herbe, et puis elles s'éteignaient le soir. Mais celle-là avait germé un jour, d'une graine apportée d'on ne sait où, et le petit prince avait surveillé de très près cette brindille qui ne ressemblait pas aux autres brindilles. Ça pouvait être un nouveau genre de baobab. Mais l'arbuste cessa vite de croître, et commença de préparer une fleur. Le petit prince, qui assistait à l'installation d'un bouton énorme, sentait bien qu'il en sortirait une apparition miraculeuse, mais la fleur n'en finissait pas de se préparer à être belle, à l'abri de sa chambre verte. Elle choisissait avec soin ses couleurs. Elle s'habillait lentement, elle ajustait un à un ses pétales. Elle ne voulait pas sortir toute fripée comme les coquelicots. Elle ne voulait apparaître que dans le plein rayonnement de sa beauté. Eh! oui. Elle était très coquette! Sa toilette mystérieuse avait donc duré des jours et des jours. Et puis voici qu'un matin, justement à l'heure du lever du soleil, elle s'était montrée.

Et elle, qui avait travaillé avec tant de précision, dit en bâillant:

—Ah! Je me réveille à peine... Je vous demande pardon... Je suis encore toute décoifée...

Le petit prince, alors, ne put contenir son admiration:

—Que vous êtes belle!

—N'est-ce pas, répondit doucement la fleur. Et je suis née en même temps que le soleil...

Le petit prince devina bien qu'elle n'était pas trop modeste, mais elle était si émouvante!

—C'est l'heure, je crois, du petit déjeuner, avait-elle bientôt ajouté, auriez-vous la bonté de penser à moi...

Et le petit prince, tout confus, ayant été chercher un arrosoir d'eau fraîche, avait servi la fleur.

Ainsi l'avait-elle bien vite tourmenté par sa vanité un peu ombrageuse. Un jour, par exemple, parlant de ses quatre épines, elle avait dit au petit prince:

—Ils peuvent venir, les tigres, avec leurs griffes!

—Il n'y a pas de tigres sur ma planète, avait objecté le petit prince, et puis les tigres ne mangent pas d'herbe.

—Je ne suis pas une herbe, avait doucement répondu la fleur.

—Pardonnez-moi...

—Je ne crains rien des tigres, mais j'ai horreur des courants d'air. Vous n'auriez pas un paravent?

«Horreur des courants d'air... ce n'est pas de chance, pour une plante, avait remarqué le petit prince. Cette fleur est bien compliquée...»

—Le soir vous me mettrez sous globe. Il fait très froid chez vous. C'est mal installé. Là d'où je viens...

Mais elle s'était interrompue. Elle était venue sous forme de graine. Elle n'avait rien pu connaître des autres mondes. Humiliée de s'être laissée surprendre à préparer un mensonge aussi naïf, elle avait toussé deux ou trois fois, pour mettre le petit prince dans son tort:

—Ce paravent?...

—J'allais le chercher mais vous me parliez!

Alors elle avait forcé sa toux pour lui infliger quand même des remords.

Ainsi le petit prince, malgré la bonne volonté de son amour, avait vite douté d'elle. Il avait pris au sérieux des mots sans importance, et était devenu très malheureux.

«J'aurais dû ne pas l'écouter, me confia-t-il un jour, il ne faut jamais écouter les fleures. Il faut les regarder et les respirer. La mienne embaumait ma planète, mais je ne savais pas m'en réjouir. Cette histoire de griffes, qui m'avait tellement agacé, eût dû m'attendrir...»

Il me confia encore.

«Je n'ai alors rien su comprendre! J'aurais dû la juger sur les actes et non sur les mots. Elle m'embaumait et m'éclairait. Je n'aurais jamais dû m'enfuir! J'aurais dû devinre sa tendresse derrière ses pauvres ruses. Les fleurs sont si contradictoires! Mais j'étais trop jeune pour savoir l'aimer.»

IX

Je crois qu'il profita, pour son évasion, d'une migration d'oiseaux sauvages. Au matin du départ il mit sa planète bien en ordre. Il ramona soigneusement ses volcans en activité. Il possédait deux volcans en activité. Et c'était bien commode pour faire chauffer le petit déjeuner du matin. Il possédait aussi un volcan éteint. Mais, comme il disait, «On ne sait jamais!» Il ramona donc également le volcan éteint. S'ils sont bien ramonés, les volcans brûlent doucement et régulièrement, sans éruptions. Les éruptions volcaniques sont comme des feux de cheminée. Évidemment sur notre terre nous sommes beaucoup trop petits pour ramoner nos volcans. C'est pourquoi ils nous causent des tas d'ennuis.

Le petit prince arracha aussi, avec un peu de mélancolie, les dernières pousses de baobabs. Il croyait ne jamais devoir revenir. Mais tous ces travaux familiers lui parurent, ce matin-là, extrêmement doux. Et, quand il arrosa une dernière fois la fleur, et se prépara à la mettre à l'abri sous son globe, il se découvrit l'envie de pleurer.

—Adieu, dit-il à la fleur.

Mais elle ne lui répondit pas.

—Adieu, répéta-t-il.

Il ramona soigneusement ses volcans en activité.

La fleur toussa. Mais ce n'était pas à cause de son rhume.

—J'ai été sotte, lui dit-elle enfin. Je te demande pardon. Tâche d'être heureux.

Il fut surpris par l'absence de reproches. Il restait là tout déconcertré, le globe en l'air. Il ne comprenait pas cette douceur calme.

—Mais oui, je t'aime, lui dit la fleur. Tu n'en as rien su, par ma faute. Cela n'a aucune importance. Mais tu as été aussi sot que moi. Tâche d'être heureux... Laisse ce globe tranquille. Je n'en veux plus.

—Mais le vent...

—Je ne suis pas si enrhumée que ça... L'air frais de la nuit me fera du bien. Je suis une fleur.

—Mais les bêtes...

Il faut bien que je supporte deux ou trois chenilles si je veux connaître les papillons. Il paraît que c'est tellement beau. Sinon qui me rendra visite? Tu seras loin, toi. Quant aux grosses bêtes, je ne crains rien. J'ai mes griffes.

Et elle montrait naïvement ses quatre épines. Puis elle ajouta:

—Ne traîne pas comme ça, c'est agaçant. Tu as décidé de partir. Va-t'en.

Car elle ne voulait pas qu'il la vît pleurer. C'était une fleur tellement orgueilleuse...

X

Il se trouvait dans la région des astéroïdes 325, 326, 327, 328, 329 et 330. Il commença donc par les visiter pour y chercher une occupation et pour s'instruire.

Le premièr était habitée par un roi. Le roi siégeait, habillé de pourpre et d'hermine, sur un trône très simple et cependant majestueux.

—Ah! Voilà un sujet, s'écria le roi quand il aperçut le petit prince.

Et le petit prince se demanda:

—Comment peut-il me reconnaître puisqu'il ne m'a encore jamais vu!

Il ne savait pas que, pour les rois, Le monde est très simplifié. Tous les hommes sont des sujets.

—Approche-toi que je te voie mieux, lui dit le roi qui était tout fier d'être enfin roi pour quelqu'un.

Le petit prince chercha des yeux où s'asseoir, mais la planète était toute encombrée par le magnifique manteau d'hermine. Il resta donc debout, et, comme il était fatigué, il bâilla.

—Il est contraire à l'étiquette de bâiller en présence d'un roi, lui dit le monarque. Je te l'interdis.

—Je ne peux pas m'en empêcher, répondit le petit prince tout confus. J'ai fait un long voyage et je n'ai pas dormi...

—Alors, lui dit le roi, je t'ordonne de bâiller. Je n'ai vu personne bâiller depuis des années. Les bâillements sont pour moi des curiosités.

Allons! bâille encore. C'est un ordre.

—Ça m'intimide... je ne peux plus..., fit le petit prince tout rougissant.

—Hum! Hum! Répondit le roi. Alors je... je t'ordonne tantôt de bâiller et tantôt de...

Il bredouillait un peu et paraissait vexé.

Car le roi tenait essentiellement à ce que son autorité fût respectée. Il ne tolérait pas la désobéissance. C'était un monarque absolu. Mais, comme il était très bon, il donnait des ordres raisonnables.

«Si j'ordonnais, disait-il couramment, si j'ordonnais à un général de se changer en oiseau de mer, et si le général n'obéissait pas, ce ne serait pas la faute du général. Ce serait ma faute.»

—Puis-je m'asseoir? s'enquit timidement le petit prince.

—Je t'ordonne de t'asseoir, lui répondit le roi, qui ramena majestueusement un pan de son manteau d'hermine.

Mais le petit prince s'étonnait. La planète était minuscule. Sur quoi le roi pouvait-il bien régner?

—Sire, lui dit-il... je vous demande pardon de vous interroger...

—Je t'ordonne de m'interroger, se hâta de dire le roi.

—Sire... sur quoi régnez-vous?

—Sur tout, répondit le roi, avec une grande simplicité.

—Sur tout?

Le roi d'un geste discret désigna sa planète, les autres planètes et les étoiles.

—Sur tout ça? dit le petit prince.

—Sur tout ça..., répondit le roi.

Car non seulement c'était un monarque absolu mais c'était un monarque universel.

—Et les étoiles vous obéissent?

—Bien sûr, lui dit le roi. Elles obéissent aussitôt. Je ne tolère pas l'indiscipline.

Un tel pouvoir émerveilla le petit prince. S'il l'avait détenu lui-même, il aurait pu assister, non pas à quarante-quatre, mais à soixante-douze, ou même à cent, ou même à deux-cents couchers de soleil dans la même journée, sans avoir jamais à tirer sa chaise! Et comme il se sentait un peu triste à cause du souvenir de sa petite planète abandonnée, il s'enhardit à solliciter une grâce du roi:

—Je voudrais voir un coucher de soleil... Faites-moi plaisir... Ordonnez au soleil de se coucher...

—Si j'ordonnais à un général de voler d'une fleur à l'autre à la façon d'un papillon, ou d'écrire une tragédie, ou de se changer en oiseau de mer, et si le général n'exécutait pas l'ordre reçu, qui, de lui ou de moi, serait dans son tort?

—Ce serait vous, dit fermement le petit prince.

—Exact. Il faut exiger de chacun ce que chacun peut donner, reprit le roi. L'autorité repose d'abord sur la raison. Si tu ordonnes à ton peuple d'aller se jeter à la mer, il fera la révolution. J'ai le droit d'exiger l'obéissance parce que mes ordres sont raisonnables.

—Alors mon coucher de soleil? Rappela le petit prince qui jamais n'oubliait une question une fois qu'il l'avait posée.

—Ton coucher de soleil, tu l'auras. Je l'exigerai. Mais j'attendrai, dans ma science du gouvernement, que les conditions soient favorables.

—Quand ça sera-t-il? s'informa le petit prince.

—Hem! Hem! lui répondit le roi, qui consulta d'abord un gros calendrier, hem! hem! ce sera, vers... vers... ce sera ce soir vers sept heures quarante! Et tu verras comme je suis bien obéi.

Le petit prince bâilla. Il regrettait son coucher de soleil manqué. Et puis il s'ennuyait déjà un peu:

—Je n'ai plus rien à faire ici, dit-il au roi. Je vais repartir!

—Ne pars pas, répontit le roi qui était si fier d'avoir un sujet. Ne pars pas, je te fais ministre!

—Ministre de quoi?

—De... de la justice!

—Mais il n'y a personne à juger!

—On ne sait pas, lui dit le roi. Je n'ai pas fait encore le tour de mon royaume. Je suis très vieux, je n'ai pas de place pour un carrosse, et ça me fatigue de marcher.

—Oh! Mais j'ai déjà vu, dit le petit prince qui se pencha pour jeter encore un coup d'oeil sur l'autre côté de la planète. Il n'y a personne là-bas non plus...

—Tu te jugeras donc toi-même, lui répondit le roi. C'est le plus difficile. Il est bien plus difficile de se juger soi-même que de juger autrui. Si tu réussis à bien te juger, c'est que tu es un véritable sage.

—Moi, dit le petit prince, je puis me juger moi-même n'importe où. Je n'ai pas besoin d'habiter ici.

—Hem! Hem! dit le roi, je crois bien que sur ma planète il y a quelque part un vieux rat. Je l'entends la nuit. Tu pourras juger ce vieux rat. Tu le condamneras à mort de temps en temps. Ainsi sa vie dépendera de ta justice. Mais tu le gracieras chaque fois pour l'économiser. Il n'y en a qu'un.

—Moi, répondit le petit prince, je n'aime pas condamner à mort, et je crois bien que je m'en vais.

—Non, dit le roi.

Mais le petit prince, ayant achevé ses préparatifs, ne voulut point peiner le vieux monarque:

—Si votre Majesté désirait être obéie ponctuellement, elle pourrait me donner un ordre raisonnable. Elle pourrait m'ordonner, par exemple, de partir avant une minute. Il me semble que les conditions sont favorables...

Le roi n'ayant rien répondu, le petit prince hésita d'abord, puis, avec un soupir, prit le départ...

—Je te fais mon ambassadeur, se hâta alors de crier le roi.

Il avait un grand air d'autorité.

«Les grandes personnes sont bien étranges», se dit le petit prince, en lui-même, durant son voyage.

XI

La seconde planète était habitée par un vaniteux:

—Ah! Ah! Voilà la visite d'un admirateur! s'écria de loin le vaniteux dès qu'il aperçut le petit prince.

Car, pour les vaniteux, les autres hommes sont des admirateurs.

—Bonjour, dit le petit prince. Vous avez un drôle de chapeau.

—C'est pour saluer, lui répondit le vaniteux. C'est pour saluer quand on m'acclame. Malheureusement il ne passe jamais personne par ici.

—Ah oui? dit le petit prince qui ne comprit pas.

—Frappe tes mains l'une contre l'autre, conseilla donc le vaniteux.

Le petit prince frappa ses mains l'une contre l'autre. Le vaniteux salua modestement en soulevant son chapeau.

—Ça, c'est plus amusant que la visite au roi, se dit en lui-même le petit prince. Et il recommença de frapper ses mains l'une contre l'autre. Le vaniteux recommença de saluer en soulevant son chapeau.

Après cinq minutes d'exercice le

petit prince se fatigua de la monotonie du jeu:

—Et, pour que le chapeau tombe, demanda-t-il, que faut-il faire?

Mais le vaniteux ne l'entendit pas. Les vaniteux n'entendent jamais que les louanges.

—Est-ce que tu m'admires vraiment beaucoup? demanda-t-il au petit prince.

—Qu'est-ce que signifie "admirer"?

—"Admirer" signifie reconnaître que je suis l'homme le plus beau, le mieux habillé, le plus riche et le plus intelligent de la planète.

—Mais tu es seul sur ta planète!

—Fais-moi ce plaisir. Admire-moi quand même!

—Je t'admire, dit le petit prince, en haussant un peu les épaules, mais en quoi cela peut-il bien t'intéresser?

Et le petit prince s'en fut.

«Les grandes personnes sont décidément bien bizarres», se dit-il simplement en lui-même durant son voyage.

XII

La planète suivante était habitée par un buveur. Cette visite fut très courte, mais elle plongea le petit prince dans une grande mélancolie:

—Que fais-tu là? dit-il au buveur, qu'il trouva installé en silence devant une collection de bouteilles vides et une collection de bouleilles pleines.

—Je bois, répondit le buveur, d'un air lugubre.

—Pourquoi bois-tu? lui demanda le petit prince.

—Pour oublier, répondit le buveur.

—Pour oublier quoi? s'enquit le petit prince qui déjà le plaignait.

—Pour oublier que j'ai honte, avoua le buveur en baissant la tête.

—Honte de quoi? s'informa le petit prince qui désirait le secourir.

—Honte de boire! acheva le buveur qui s'enferma définitivement dans le silence.

Et le petit prince s'en fut, perplexe.

«Les grandes personnes sont décidément très très bizarres», se disait-il en lui-même durant le voyage.

XIII

La quatrième planète était celle du businessman. Cet homme était si occupé qu'il ne leva même pas la tête à l'arrivée du petit prince.

—Bonjour, lui dit celui-ci. Votre cigarette est éteinte.

—Trois et deux font cinq. Cinq et sept douze. Douze et trois quinze. Bonjour. Quinze et sept vingt-deux. Vingt-deux et six vingt-huit. Pas le temps de la rallumer. Vingt-six et cinq trente-et-un. Ouf! Ça fait donc cinq cent un millions six cent vingt-deux mille sept cent trente-et-un.

—Cinq cents millions de quoi?

—Hein? Tu es toujours là? Cinq cent un millions de... je ne sais plus... J'ai tellement de travail! Je suis sérieux, moi, je ne m'amuse pas à des balivernes! Deux et cinq sept...

—Cinq cent un millions de quoi? répéta le petit prince qui jamais de sa vie n'avait renoncé à une question, une fois qu'il l'avait posée.

Le businessman leva la tête:

—Depuis cinquante-quatre ans que j'habite cette planète-ci, je n'ai été dérangé que trois fois. La première fois ç'a été, il y a vingt-deux ans, par un hanneton qui était tombé dieu sait d'où. Il répandait un bruit épouvantable, et j'ai fait quatre erreurs dans une addition. La seconde fois ç'à été, il y a onze ans, par une crise de rhumatisme. Je manque d'exercice. Je n'ai pas le temps de flâner. Je suis sérieux, moi.

La troisième fois... la voici! Je disais donc cinq cent un millions...

—Millions de quoi?

Le businessman comprit qu'il n'était point d'espoir de paix:

—Millions de ces petites choses que l'on voit quelquefois dans le ciel.

—Des mouches?

—Mais non, des petites choses qui brillent.

—Des abeilles?

—Mais non. Des petites choses dorées qui font rêvasser les fainéants. Mais je suis sérieux, moi! Je n'ai pas le temps de rêvasser.

—Ah! des étoiles?

—C'est bien ça. Des étoiles.

—Et que fais-tu de cinq cents millions d'étoiles?

—Cinq cent un millions six cent vingt-deux mille sept cent trente-et-un. Je suis sérieux, moi, je suis précis.

—Et que fais-tu de ces étoiles?

—Ce que j'en fais?

—Oui.

—Rien. Je les possède.

—Tu possèdes les étoiles?

—Oui.

—Mais j'ai déjà vu un roi qui...

—Les rois ne possèdent pas. Ils "règnent" sur C'est très différent.

—Et à quoi cela te sert-il de posséder les étoiles?

—Ça me sert à être riche.

—Et à quoi cela te sert-il d'être riche?

—À acheter d'autres étoiles, si quelqu'un en trouve.

«Celui-là, se dit en lui-même le petit prince, il raisonne un peu comme mon ivrogne.»

Cependant il posa encore des questions:

—Comment peut-on posséder les étoiles?

—À qui sont-elles? riposta, grincheux, le businessman.

—Je ne sais pas. À personne.

—Alors elles sont à moi, car j'y ai pensé le premier.

—Ça suffit?

—Bien sûr. Quand tu trouves un diamant qui n'est à personne, il est à toi. Quand tu trouves une île qui n'est à personne, elle est à toi. Quand tu as une idée le premier, tu la fais breveter: elle est à toi. Et moi je possède les étoiles, puisque jamais personne avant moi n'a songé à les posséder.

—Ça c'est vrai, dit le petit prince. Et qu'en fais-tu?

—Je les gère. Je les compte et je les recompte, dit le businessman. C'est difficile. Mais je suis un homme sérieux!

Le petit prince n'était pas satisfait encore.

—Moi, si je possède un foulard, je puis le mettre autour de mon cou et l'emporter. Moi, si je possède une fleur, je puis cueillir ma fleur et l'emporter. Mais tu ne peux pas cueillir les étoiles!

—Non, mais je puis les placer en banque.

—Qu'est-ce que ça veut dire?

—Ça veut dire que j'écris sur un petit papier le nombre de mes étoiles. Et puis j'enferme à clef ce papier-là dans un tiroir.

—Et c'est tout?

—Ça suffit!

«C'est amusant, pensa le petit prince. C'est assez poétique. Mais ce n'est pas très sérieux.»

Le petit prince avait sur les choses sérieuses des idées très différentes des idées des grandes personnes.

—Moi, dit-il encore, je possède une fleur que j'arrose tous les jours. Je possède trois volcans que je ramone toutes les semaines. Car je ramone aussi celui qui est éteint. On ne sait jamais. C'est utile à mes volcans, et c'est utile à ma fleur, que je les possède. Mais tu n'es pas utile aux étoiles...

Le businessman ouvrit la bouche mais ne trouva rien à répondre, et le petit prince s'en fut.

«Les grandes personnes sont décidément tout à fait extraordinaires», se disait-il simplement en lui-même durant le voyage.

XIV

La cinquième planète était très curieuse. C'était la plus petite de toutes. Il y avait là juste assez de place pour loger un réverbère et un allumeur de réverbères. Le petit prince ne parvenait pas à s'expliquer à quoi pouvaient servir, quelque part dans le ciel, sur une planète sans maison ni population, un réverbère et un allumeur de réverbères. Cependant il se dit en lui-même:

«Peut-être bien que cet homme est absurde. Cependant il est moins absurde que le roi, que le vaniteux, que le businessman et que le buveur. Au moins son travail a-t-il un sens. Quand il allume son réverbère, c'est comme s'il faisait naître une étoile de plus, ou une fleur. Quand il éteint son réverbère ça endort la fleur ou l'étoile. C'est une occupation très jolie. C'est véritablement utile puisque c'est joli.»

Lorsqu'il aborda la planète il salua respectueusement l'allumeur:

—Bonjour. Pourquoi viens-tu d'éteindre ton réverbère?

—C'est la consigne, répondit l'allumeur. Bonjour.

—Qu'est-ce que la consigne?

—C'est d'éteindre mon réverbère. Bonsoir.

Et il le ralluma.

—Mais pourquoi viens-tu de le rallumer?

—C'est la consigne, répondit l'allumeur.

—Je ne comprends pas, dit le petit prince.

—Il n'y a rien à comprendre, dit l'allumeur. La consigne c'est la

consigne. Bonjour.

Et il éteignit son réverbère.

Puis il s'épongea le front avec un mouchoir à carreaux rouges.

—Je fais là un métier terrible. C'était raisonnable autrefois. J'éteignais le matin et j'allumais le soir. J'avais le reste du jour pour me reposer, et le reste de la nuit pour dormir...

—Et, depuis cette époque, la consigne à changé?

—La consigne n'a pas changé, dit l'allumeur. C'est bien là le drame! La planète d'année en année a tourné de plus en plus vite, et la consigne n'a pas changé!

—Alors? dit le petit prince.

—Alors maintenant qu'elle fait un tour par minute, je n'ai plus une seconde de repos. J'allume et j'éteins une fois par minute!

—Ça c'est drôle! Les jours chez toi durent une minute!

—Ce n'est pas drôle du tout, dit l'allumeur. Ça fait déjà un mois que nous parlons ensemble.

—Un mois?

—Oui. Trente minutes. Trente jours! Bonsoir.

Et il ralluma son réverbère.

Le petit prince le regarda et il aima cet allumeur qui était tellement fidèle à la consigne. Il se souvint des couchers de soleil que lui-même allait autrefois chercher, en tirant sa chaise. Il voulut aider son ami:

—Tu sais... je connais un moyen de te reposer quand tu voudras...

—Je veux toujours, dit l'allumeur.

Car on peut être, à la fois, fidèle et paresseux.

Le petit prince poursuivit:

—Ta planète est tellement petite que tu en fais le tour en trois enjambées. Tu n'as qu'à marcher assez lentement pour rester toujours au soleil. Quand tu voudras te reposer tu marcheras... et le jour durera aussi longtemps que tu voudras.

—Ça ne m'avance pas à grand-chose, dit l'allumeur. Ce que j'aime dans la vie, c'est dormir.

—Ce n'est pas de chance, dit le petit prince.

—Ce n'est pas de chance, dit l'allumeur. Bonjour.

Et il éteignit son réverbère.

«Celui-là, se dit le petit prince, tandis qu'il poursuivait plus loin son voyage, celui-là serait méprisé par tous les autres, par le roi, par le vaniteux, par le buveur, par le businessman. Cependant c'est le seul qui ne me paraisse pas ridicule. C'est, peut-être, parce qu'il s'occupe d'autre chose que de soi-même.»

Il eut un soupir de regret et se dit encore:

—Celui-là est le seul dont j'eusse pu faire mon ami. Mais sa planète est vraiment trop petite. Il n'y a pas de place pour deux...

Ce que le petit prince n'osait pas s'avouer, c'est qu'il regrettait cette planète bénie à cause, surtout, des mille quatre cent quarante couchers de soleil par vingt-quatre heures!

XV

La sixième planète était une planète dix fois plus vaste. Elle était habitée par un vieux monsieur qui écrivait d'énormes livres.

—Tiens! voilà un explorateur! s'écria-t-il, quand il aperçut le petit prince.

Le petit prince s'assit sur la table et souffla un peu. Il avait déjà tant voyagé!

—D'où viens-tu? lui dit le vieux monsieur.

—Quel est ce gros livre? dit le petit prince. Que faites-vous ici?

—Je suis géographe, dit le vieux monsieur.

—Qu'est-ce qu'un géographe?

—C'est un savant qui connaît où se trouvent les mers, les fleuves, les villes, les montagnes et les déserts.

—Ça c'est bien intéressant, dit le petit prince. Ça c'est enfin un véritable métier! Et il jeta un coup d'oeil autour de lui sur la planète du géographe. Il n'avait jamais vu encore une planète aussi majestueuse.

—Elle est bien belle, votre planète. Est-ce qu'il y a des océans?

—Je ne puis pas le savoir, dit le géographe.

—Ah! (Le petit prince était déçu.) Et des montagnes?

—Je ne puis pas le savoir, dit le géographe.

—Et des villes et des fleuves et des déserts?

—Je ne puis pas le savoir non plus, dit le géographe.

—Mais vous êtes géographe!

—C'est exact, dit le géographe, mais je ne suis pas explorateur. Je manque absolument d'explorateurs. Ce n'est pas le géographe qui va faire le compte des villes, des fleuves, des montagnes, des mers, des océans et des déserts. Le géographe est trop important pour flâner. Il ne quitte pas son bureau. Mais il y reçoit les explorateurs. Il les interroge, et il prend en note leurs souvenirs. Et si les souvenirs de l'un d'entre eux lui paraissent intéressants, le géographe fait faire une enquête sur la moralité de l'explorateur.

—Pourquoi ça?

—Parce qu'un explorateur qui mentirait entraînerait des catastrophes dans les livres de géographie. Et aussi un explorateur qui boirait trop.

—Pourquoi ça? fit le petit prince.

—Parce que les ivrognes voient double. Alors le géographe noterait deux montagnes, là où il n'y en a qu'une seule.

—Je connais quelqu'un, dit le petit prince, qui serait mauvais explorateur.

—C'est possible. Donc, quand la moralité de l'explorateur paraît bonne, on fait une enquête sur sa découverte.

—On va voir?

—Non. C'est trop compliqué. Mais on exige de l'explorateur qu'il fournisse des preuves. S'il s'agit par exemple de la découverte d'une grosse montagne, on exige qu'il en rapporte de grosses pierres.

Le géographe soudain s'émut.

—Mais toi, tu viens de loin! Tu es explorateur! Tu vas me décrire ta planète!

Et le géographe, ayant ouvert son registre, tailla son crayon. On note d'abord au crayon les récits des explorateurs. On attend, pour noter à l'encre, que l'explorateur ait fourni des preuves.

—Alors? interrogea le géographe.

—Oh! chez moi, dit le petit prince, ce n'est pas très intéressant, c'est tout petit. J'ai trois volcans. Deux volcans en activité, et un volcan éteint. Mais on ne sait jamais.

—On ne sait jamais, dit le géographe.

—J'ai aussi une fleur.

—Nous ne notons pas les fleurs, dit le géographe.

—Pourquoi ça! c'est le plus joli!

—Parce que les fleurs sont éphémères.

—Qu'est-ce que signifie: "éphémère"?

—Les géographies, dit le géographe, sont les livres les plus sérieux de tous les livres. Elles ne se démodent jamais. Il est très rare qu'une montagne change de place. Il est très rare qu'un océan se vide de son eau. Nous écrivons des choses éternelles.

—Mais les volcans éteints peuvent se réveiller, interrompit le petit prince. Qu'est-ce que signifie "éphémère"?

—Que les volcans soient éteints ou soient éveillés, ça revient au même pour nous autres, dit le géographe. Ce qui compte pour nous, c'est la montagne. Elle ne change pas.

—Mais qu'est-ce que signifie "éphémère"? répéta le petit prince qui, de sa vie, n'avait renoncé à une question, une fois qu'il l'avait posée.

—Ça signifie "qui est menacé de disparition prochaine".

—Ma fleur est menacée de disparition prochaine?

—Bien sûr.

«Ma fleur est éphémère, se dit le petit prince, et elle n'a que quatre épines pour se défendre contre le monde! Et je l'ai laissée toute seule chez moi!»

Ce fut là son premier mouvement de regret. Mais il reprit courage:

—Que me conseillez-vous d'aller visiter? demanda-t-il.

—La planète Terre, lui répondit le géographe. Elle a une bonne réputation...

Et le petit prince s'en fut, songeant à sa fleur.

XVI

La septième planète fut donc la Terre.

La Terre n'est pas une planète quelconque! On y compte cent onze rois (en n'oubliant pas, bien sûr, les rois nègres), sept mille géographes, neuf cent mille businessmen, sept millions et demi d'ivrognes, trois cent onze millions de vaniteux, c'est-à-dire environ deux milliards de grandes personnes.

Pour vous donner une idée des dimensions de la Terre je vous dirai qu'avant l'invention de l'électricité on y devait entretenir, sur l'ensemble des six continents, une véritable armée de quatre cent soixante-deux mille cinq cent onze allumeurs de réverbères.

Vu d'un peu loin ça faisait un effet splendide. Les mouvements de cette armée étaient réglés comme ceux d'un ballet d'opéra. D'abord venait le tour des allumeurs de réverbères de Nouvelle-Zélande et d'Australie. Puis ceux-ci, ayant allumé leurs lampions, s'en allaient dormir. Alors entraient à leur tour dans la danse les allumeurs de réverbères de Chine et de Sibérie. Puis eux aussi s'escamotaient dans les coulisses. Alors venait le tour des allumeurs de réverbères de Russie et des Indes. Puis de ceux d'Afrique et d'Europe. Puis de ceux d'Amérique du Sud. Puis de ceux d'Amérique du Nord. Et jamais ils ne se trompaient dans leur ordre d'entrée en scène. C'était grandiose.

Seuls, l'allumeur de l'unique réverbère du pôle Nord, et son confrère de l'unique réverbère du pôle Sud, menaient des vies d'oisiveté et de nonchalance: ils travaillaient deux fois par an.

XVII

Quand on veut faire de l'esprit, il arrive que l'on mente un peu. Je n'ai pas été très honnête en vous parlant des allumeurs de réverbères. Je risque de donner une fausse idée de notre planète à ceux qui ne la connaissent pas. Les hommes occupent très peu de place sur la Terre. Si les deux milliards d'habitants qui peuplent la Terre se tenaient debout et un peu serrés, comme pour un meeting,ils logeraient aisément sur une place publique de vingt milles de long sur vingt milles de large. On pourrait entasser l'humanité sur le moindre petit îlot du Pacifique.

–Tu es une drôle de bête, lui dit-il enfin, mince comme un doigt···

Les grandes personnes, bien sûr, ne vous croiront pas. Elles s'imaginent tenir beaucoup de place. Elles se voient importantes comme des baobabs. Vous leur conseillerez donc de faire le calcul. Elles adorent les chiffres: ça leur plaira. Mais ne perdez pas votre temps à ce pensum. C'est inutile. Vous avez confiance en moi.

Le petit prince, une fois sur Terre, fut donc bien surpris de ne voir personne. Il avait déjà peur de s'être trompé de planète, quand un anneau couleur de lune remua dans le sable.

—Bonne nuit, fit le petit prince à tout hasard.

—Bonne nuit, fit le serpent.

—Sur quelle planète suis-je tombé? demanda le petit prince.

—Sur la Terre, en Afrique, répondit le serpent.

—Ah!... Il n'y a donc personne sur la Terre?

—Ici c'est le désert. Il n'y a personne dans les déserts. La Terre est grande, dit le serpent.

Le petit prince s'assit sur une pierre et leva les yeux vers le ciel:

—Je me demande, dit-il, si les étoiles sont éclairées afin que chacun puisse un jour retrouver la sienne. Regarde ma planète. Elle est juste au-dessus de nous... Mais comme elle est loin!

—Elle est belle, dit le serpent. Que viens-tu faire ici?

—J'ai des difficultés avec une fleur, dit le petit prince.

—Ah! fit le serpent.

Et ils se turent.

—Où sont les hommes? reprit enfin le petit prince. On est un peu seul dans le désert...

—On est seul aussi chez les hommes, dit le serpent.

Le petit prince le regarda longtemps:

—Tu es une drôle de bête, lui dit-il enfin, mince comme un doigt...

—Mais je suis plus puissant que le doigt d'un roi, dit le serpent.

Le petit prince eut un sourire:

—Tu n'es pas bien puissant... tu n'as même pas de pattes... tu ne peux même pas voyager...

—Je puis t'emporter plus loin qu'un navire, dit le serpent.

Il s'enroula autour de la cheville du petit prince, comme un bracelet d'or:

—Celui que je touche, je le rends à la terre dont il est sorti, dit-il encore. Mais tu es pur et tu viens d'une étoile...

Le petit prince ne répondit rien.

—Tu me fais pitié, toi si faible, sur cette Terre de granit. Je puis t'aider un jour si tu regrettes trop ta planète. Je puis...

—Oh! J'ai très bien compris, fit le petit prince, mais pouquoi parles-tu toujours par énigmes?

—Je les résouds toutes, dit le serpent.

Et ils se turent.

XVIII

Le petit prince traversa le désert et ne rencontra qu'une fleur. Une fleur à trois pétales, une fleur de rien du tout...

—Bonjour, dit le petit prince.

—Bonjour, dit la fleur.

—Où sont les hommes? demanda poliment le petit prince.

La fleur, un jour, avait vu passer une caravane:

—Les hommes? Il en existe, je crois, six ou sept. Je les ai aperçus il y a des années. Mais on ne sait jamais où les trouver. Le vent les promène. Ils manquent de racines, ça les gêne beaucoup.

—Adieu, fit le petit prince.

—Adieu, dit la fleur.

XIX

Le petit prince fit l'ascension d'une haute montagne. Les seules montagnes qu'il eût jamais connues étaient les trois volcans qui lui arrivaient au genou. Et il se servait du volcan éteint comme d'un tabouret. «D'une montagne haute comme celle-ci, se dit-il donc, j'apercevrai d'un coup toute la planète et tous les hommes...» Mais il n'aperçut rien que des aiguilles de roc bien aiguisées.

Cette planète est toute sèche, et toute pointue et toute salée.

—Bonjour, dit-il à tout hasard.

—Bonjour... Bonjour... Bonjour... répondit l'écho.

—Qui êtes-vous? dit le petit prince.

—Qui êtes-vous... qui êtes-vous... qui êtes-vous... répondit l'écho.

—Soyez mes amis, je suis seul, dit-il.

—Je suis seul... je suis seul... Je suis seul..., répondit l'écho.

«Quelle drôle de planète, pensa-t-il alors! Elle est toute sèche, et toute pointue et toute salée. Et les hommes manquent d'imagination. Ils répètent ce qu'on leur dit... Chez moi j'avais une fleur: elle parlait toujours la première...»

XX

Mais il arriva que le petit prince, ayant longtemps marché à travers les sables, les rocs et les neiges, découvrit enfin une route. Et les routes vont toutes chez les hommes.

—Bonjour, dit-il.

C'était un jardin fleuri de roses.

—Bonjour, dirent les roses.

Le petit prince les regarda. Elles ressemblaient toutes à sa fleur.

—Qui êtes-vous? leur demanda-t-il, stupéfait.

—Nous sommes des roses, dirent les roses.

—Ah! fit le petit prince...

Et il se sentit très malheureux. Sa fleur lui avait raconté qu'elle était seule de son espèce dans l'univers. Et voici qu'il en était cinq mille, toutes semblables, dans un seul jardin!

«Elle serait bien vexée, se dit-il, si elle voyait ça... elle tousserait énormément et ferait semblant de mourir pour échapper au ridicule. Et je serais bien obligé de faire semblant de la soigner, car, sinon, pour m'humilier moi aussi, elle se laisserait vraiment mourir...»

Puis il se dit encore: «Je me croyais riche d'une fleur unique, et je ne possède qu'une rose ordinaire. Ça et mes trois volcans qui m'arrivent au genou, et dont l'un, peut-être, est éteint pour toujours, ça ne fait pas de moi un bien grand prince...» Et, couché dans l'herbe, il pleura.

XXI

C'est alors qu'apparut le renard.

—Bonjour, dit le renard.

—Bonjour, répondit poliment le petit prince, qui se retourna mais ne vit rien.

—Je suis là, dit la voix, sous le pommier...

—Qui es-tu? dit le petit prince. Tu es bien joli...

—Je suis un renard, dit le renard.

—Viens jouer avec moi, lui proposa le petit prince. Je suis tellement triste...

—Je ne puis pas jouer avec toi, dit le renard. Je ne suis pas apprivoisé

—Ah! Pardon, fit le petit prince.

Mais après réflexion, il ajouta:

—Qu'est-ce que signifie "apprivoiser"?

—Tu n'es pas d'ici, dit le renard, que cherches-tu?

—Je cherche les hommes, dit le petit prince.Qu'est-ce que signifie "apprivoiser"?

—Les hommes, dit le renard, ils ont des fusils et ils chassent. C'est bien gênant! Ils élèvent aussi des poules. C'est leur seul intérêt. Tu cherches des poules?

—Non, dit le petit prince. Je cherche des amis.Qu'est-ce que signifie "apprivoiser"?

—C'est une chose trop oubliée, dit le renard. Ça signifie "créer des liens..."

—Créer des liens?

—Bien sûr, dit le renard. Tu n'es encore pour moi qu'un petit garçon tout semblable à cent mille petits garçons. Et je n'ai pas besoin de toi. Et tu n'as pas besoin de moi non plus. Je ne suis pour toi qu'un renard semblable à cent mille renards. Mais, si tu m'apprivoises, nous aurons besoin l'un de l'autre. Tu seras pour moi unique au monde. Je serai pour toi unique au monde...

—Je commence à comprendre, dit le petit prince. Il y a une fleur... je crois qu'elle m'a apprivoisé...

—C'est possible, dit le renard. On voit sur la Terre toutes sortes de choses...

—Oh! ce n'est pas sur la Terre, dit le petit prince.

Le renard parut très intrigué:

—Sur une autre planète?

—Oui.

—Il y a des chasseurs, sur cette planète-là?

—Non.

—Ça, c'est intéressant! Et des poules?

—Non.

—Rien n'est parfait, soupira le renard.

Mais le renard revint à son idée:

—Ma vie est monotone. Je chasse les poules, les hommes me chassent. Toutes les poules se ressemblent, et tous les hommes se ressemblent. Je m'ennuie donc un peu. Mais, si tu m'apprivoises, ma vie sera comme ensoleillée. Je connaîtrai un bruit de pas qui sera différent de tous les autres. Les autres pas me font rentrer sous terre. Le tien m'appelera hors du terrier, comme une musique. Et puis regarde! Tu vois, là-bas, les champs de blé? Je ne mange pas de pain. Le blé pour moi est inutile. Les champs de blé ne me rappellent rien. Et ça, c'est triste! Mais tu as des cheveux couleur d'or. Alors ce sera merveilleux quand tu m'auras apprivoisé! Le blé, qui est doré, me fera souvenir de toi. Et j'aimerai le bruit du vent dans le blé...

Le renard se tut et regarda longtemps le petit prince:

—S'il te plaît... apprivoise-moi, dit-il.

—Je veux bien, répondit le petit prince, mais je n'ai pas beaucoup de temps. J'ai des amis à découvrir et beaucoup de choses à connaître.

—On ne connaît que les choses que l'on apprivoise, dit le renard. Les hommes n'ont plus le temps de rien connaître. Ils achètent des choses toutes faites chez les marchands. Mais comme il n'existe point de marchands d'amis, les hommes n'ont plus d'amis. Si tu veux un ami, apprivoise-moi!

—Que faut-il faire? dit le petit prince.

—Il faut être très patient, répondit le renard. Tu t'assoiras d'abord un peu loin de moi, comme ça, dans l'herbe. Je te regarderai du coin de l'oeil et tu ne diras rien. Le langage est source de malentendus. Mais, chaque jour, tu pourras t'asseoir un peu plus près...

Le lendemain revint le petit prince.

—Il eût mieux valu revenir à la même heure, dit le renard. Si tu viens, par exemple, à quatre heures de l'après-midi, dès trois heures je commencerai d'être heureux. Plus l'heure avancera, plus je me sentirai heureux. À quatre heures, déjà, je m'agiterai et m'inquiéterai:

je découvrirai le prix du bonheur! Mais si tu viens n'importe quand, je ne saurai jamais à quelle heure m'habiller le coeur... Il faut des rites.

—Qu'est-ce qu'un rite? dit le petit prince.

—C'est aussi quelque chose de trop oublié, dit le renard. C'est ce qui fait qu'un jour est différent des autres jours, une heure, des autres heures. Il y a un rite, par exemple, chez mes chasseurs. Ils dansent le jeudi avec les filles du village. Alors le jeudi est jour merveilleux! Je vais me promener jusqu'à la vigne. Si les chasseurs dansaient n'importe quand, les jours se ressembleraient tous, et je n'aurais point de vacances.

Ainsi le petit prince apprivoisa le renard. Et quand l'heure du départ fut proche:

—Ah! dit le renard... Je pleurerai.

—C'est ta faute, dit le petit prince, je ne te souhaitais point de mal, mais tu as voulu que je t'apprivoise...

—Bien sûr, dit le renard.

—Mais tu vas pleurer! dit le petit prince.

—Bien sûr, dit le renard.

—Alors tu n'y gagnes rien!

—J'y gagne, dit le renard, à cause de la couleur du blé.

Puis il ajouta:

—Va revoir les roses. Tu comprendras que la tienne est unique au monde. Tu reviendras me dire adieu, et je te ferai cadeau d'un secret.

Le petit prince s'en fut revoir les roses:

—Vous n'êtes pas du tout semblables à ma rose, vous n'êtes rien encore, leur dit-il. Personne ne vous a apprivoisées et vous n'avez apprivoisé personne. Vous êtes comme était mon renard. Ce n'était qu'un renard semblable à cent mille autres. Mais j'en ai fait mon ami, et il est maintenant unique au monde.

Et les roses étaient bien gênées.

—Vous êtes belles, mais vous êtes vides, leur dit-il encore. On ne peut pas mourir pour vous. Bien sûr, ma rose à moi, un passant ordinaire croirait qu'elle vous ressemble. Mais à elle seule elle est plus importante que vous toutes, puisque c'est elle que j'ai arrosée. Puisque c'est elle que j'ai mise sous globe. Puisque c'est elle que j'ar abritée par le paravent. Puisque c'est elle dont j'ai tué les chenilles (sauf les deux ou trois pour les papillons). Puisque c'est elle que j'ai écoutée se plaindre, ou se vanter, ou même quelquefois se taire. Puisque c'est ma rose.

Et il revint vers le renard:

—Adieu, dit-il...

—Adieu, dit le renard. Voici mon secret. Il est très simple: on ne voit bien qu'avec le coeur. L'essentiel est invisible pour les yeux.

—L'essentiel est invisible pour les yeux, répéta le petit prince, afin de se souvenir.

—C'est le temps que tu as perdu pour ta rose qui fait ta rose si importante.

—C'est le temps que j'ai perdu pour ma rose... fit le petit prince, afin de se souvenir.

—Les hommes ont oublié cette vérité, dit le renard. Mais tu ne dois pas l'oublier. Tu deviens responsable pour toujours de ce que tu as apprivoisé. Tu es responsable de ta rose...

—Je suis responsable de ma rose... répéta le petit prince, afin de se souvenir.

XXII

Bonjour, dit le petit prince.

—Bonjour, dit l'aiguilleur.

—Que fais-tu ici? dit le petit prince.

—Je trie les voyageurs, par paquets de mille, dit l'aiguilleur. J'expédie les trains qui les emportent, tantôt vers la droite, tantôt vers la gauche.

Et un rapide illuminé, grondant comme le tonnerre, fit trembler la cabine d'aiguillage.

—Ils sont bien pressés, dit le petit prince. Que cherchent-ils?

—L'homme de la locomotive l'ignore lui-même, dit l'aiguilleur.

Et gronda, en sens inverse, un second rapide illuminé.

—Ils reviennent déjà? demanda le petit prince...

—Ce ne sont pas les mêmes, dit l'aiguilleur. C'est un échange.

—Ils n'étaient pas contents, là où ils étaient?

—On n'est jamais content là où l'on est, dit l'aiguilleur.

Et gronda le tonnerre d'un troisième rapide illuminé.

—Ils poursuivent les premiers voyageurs? demanda le petit prince.

—Ils ne poursuivent rien du tout, dit l'aiguilleur. Ils dorment là-dedans, ou bien ils bâillent. Les enfants seuls écrasent leur nez contre les vitres.

—Les enfants seuls savent ce qu'ils cherchent, fit le petit prince. Ils perdent du temps pour une poupée de chiffons, et elle devient très importante, et si on la leur enlève, ils pleurent...

—Ils ont de la chance, dit l'aiguilleur.

XXIII

—Bonjour, dit le petit prince.

—Bonjour, dit le marchand.

—C'était un marchand de pilules perfectionnées qui apaisent la soif. On en avale une par semaine et l'on n'éprouve plus le besoin de boire.

—Pourquoi vends-tu ça? dit le petit prince.

—C'est une grosse économie de temps, dit le marchand. Les experts ont fait des calculs. On épargne cinquante-trois minutes par semaine.

—Et que fait-on de ces cinquante-trois minutes?

—On en fait ce que l'on veut...

«Moi, se dit le petit prince, si j'avais cinquante-trois minutes à dépenser, je marcherais tout doucement vers une fontaine...»

XXIV

Nous en étions au huitième jour de ma panne dans le désert, et j'avais écouté l'histoire du marchand en buvant la dernière goutte de ma provision d'eau:

—Ah! dis-je au petit prince, ils sont bien jolis, tes souvenirs, mais je n'ai pas encore réparé mon avion, je n'ai plus rien à boire, et je serais heureux, moi aussi, si je pouvais marcher tout doucement vers une fontaine!

—Mon ami le renard, me dit-il...

—Mon petit bonhomme, il ne s'agit plus du renard!

—Pourquoi?

—Parce qu'on va mourir de soif

Il ne comprit pas mon raisonnement, il me répondit:

—C'est bien d'avoir eu un ami, même si l'on va mourir. Moi, je suis bien content d'avoir eu un ami renard...

«Il ne mesure pas le danger, me dis-je. Il n'a jamais ni faim ni soif. Un peu de soleil lui suffit...»

Mais il me regarda et répondit à ma pensée:

—J'ai soif aussi... cherchons un puits...

J'eus un geste de lassitude: il est absurde de chercher un puits, au hasard, dans l'immensité du désert. Cependant nous nous mîmes en marche.

Quand nous eûmes marché, des heures, en silence, la nuit tomba, et les étoiles commencèrent de s'éclairer. Je les apercevais comme en rêve, ayant un peu de fièvre, à cause de ma soif. Les mots du petit prince dansaient dans ma mémoire:

—Tu as donc soif, toi aussi? lui demandai-je.

Mais il ne répondit pas à ma question. Il me dit simplement:

—L'eau peut aussi être bonne pour le coeur...

Je ne compris pas sa réponse mais je me tus... Je savais bien qu'il ne fallait pas l'interroger.

Il était fatigué. Il s'assit. Je m'assis auprès de lui. Et, après un silence, il dit encore:

—Les étoiles sont belles, à cause d'une fleur que l'on ne voit pas...

Je répondis «bien sûr» et je regardai, sans parler, les plis du sable sous la lune.

—Le désert est beau, ajouta-t-il...

Et c'était vrai. J'ai toujours aimé le désert. On s'assoit sur une dune de sable. On ne voit rien. On n'entend rien. Et cependant quelque chose rayonne en silence...

—Ce qui embellit le désert, dit le petit prince, c'est qu'il cache un puits quelque part...

Je fus surpris de comprendre soudain ce mystérieux rayonnement du sable. Lorsque j'étais petit garçon j'habitais une maison ancienne, et la légende racontait qu'un trésor y était enfoui. Bien sûr, jamais personne n'a su le découvrir, ni, peut-être même ne l'a cherché. Mais il enchantait toute cette maison. Ma maison cachait un secret au fond de son coeur...

—Que, dis-je au petit prince, qu'il s'agisse de la maison, des étoiles ou du désert, ce qui fait leur beauté est invisible!

—Je suis content, dit-il, que tu sois d'accord avec mon renard.

Comme le petit prince s'endormait, je le pris dans mes bras, et me remis en route. J'étais ému. Il me semblait porter un trésor fragile. Il me semblait même qu'il n'y eût rien de plus fragile sur la Terre. Je regardais, à la lumière de la lune, ce front pâle, ces yeux clos, ces mèches de cheveux qui tremblaient au vent, et je me disais: «Ce que je vois là n'est qu'une écorce. Le plus important est invisible...»

Comme ses lèvres entrouvertes ébauchaient un demi-sourire je me dis encore: «Ce qui m'émeut si fort de ce petit prince endormi, c'est sa fidélité pour une fleur, c'est l'image d'une rose qui rayonne en lui comme la flamme d'une lampe, même quand il dort...» Et je le devinai plus fragile encore. Il faut bien protéger les lampes: un coup de vent peut les éteindre...

Et, marchant ainsi, je découvris le puits au lever du jour.

XXV

—Les hommes, dit le petit prince, ils s'enfournent dans les rapides, mais ils ne savent plus ce qu'ils cherchent. Alors ils s'agitent et tournent en rond...

Et il ajouta:

—Ce n'est pas la peine...

Le puits que nous avions atteint ne ressemblait pas aux puits sahariens. Les puits sahariens sont de simples trous creusés dans le sable. Celui-là ressemblait à un puits de village. Mais il n'y avait là aucun village, et je croyais rêver.

—C'est étrange, dis-je au petit prince, tout est prêt: la poulie, le seau et la corde...

Il rit, toucha la corde, fit jouer la poulie. Et la poulie gémit comme gémit une vieille girouette quand le vent a longtemps dormi.

—Tu entends, dit le petit prince, nous réveillons ce puits et il chante...

Je ne voulais pas qu'il fît un effort:

—Laisse-moi faire, lui dis-je, c'est trop lourd pour toi.

Lentement je hissai le seau jusqu'à la margelle. Je l'y installai bien d'aplomb. Dans mes oreilles durait le chant de la poulie et, dans l'eau qui tremblait encore, je voyais trembler le soleil.

—J'ai soif de cette eau-là, dit le petit prince, donne-moi à boire...

Et je compris ce qu'il avait cherché!

Je soulevai le seau jusqu'à ses lèvres. Il but, les yeux fermés. C'était doux comme une fête. Cette eau était bien autre chose qu'un aliment. Elle était née de la marche sous les étoiles, du chant de la poulie, de l'effort de mes bras. Elle était bonne pour le coeur, comme un cadeau. Lorsque j'étais petit garçon, la lumière de l'arbre de Noël, la musique de la messe de minuit, la douceur des sourires faisaient, ainsi, tout le rayonnement du cadeau de Noël que je recevais.

—Les hommes de chez toi, dit le petit prince, cultivent cinq mille roses dans un même jardin... et ils n'y trouvent pas ce qu'ils cherchent...

—Il rit, toucha la corde, fit jouer la poulie.

—Ils ne le trouvent pas, répondis-je...

Et cependant ce qu'ils cherchent pourrait être trouvé dans une seule rose ou un peu d'eau...

—Bien sûr, répondis-je.

Et le petit prince ajouta:

—Mais les yeux sont aveugles. Il faut chercher avec le coeur.

J'avais bu. Je respirais bien. Le sable, au lever du jour, est couleur de miel. J'étais heureux aussi de cette couleur de miel. Pourquoi fallait-il que j'eusse de la peine...

—Il faut que tu tiennes ta

promesse, me dit doucement le petit prince, qui, de nouveau, s'était assis auprès de moi.

—Quelle promesse?

—Tu sais... une muselière pour mon mouton... je suis responsable de cette fleur!

Je sortis de ma poche mes ébauches de dessin. Le petit prince les aperçut et dit en riant:

—Tes baobabs, ils ressemblent un peu à des choux...

—Oh!

Moi qui étais si fier des baobabs!

—Ton renard... ses oreilles... elles ressemblent un peu à des cornes... et elles sont trop longues!

Et il rit encore.

—Tu es injuste, petit bonhomme, je ne savais rien dessiner que les boas fermés et les boas ouverts.

—Oh! ça ira, dit-il, les enfants savent.

Je crayonnai donc une muselière. Et j'eus le coeur serré en la lui donnant:

—Tu as des projets que j'ignore...

Mais il ne me répondit pas. Il me dit:

—Tu sais, ma chute sur la Terre... c'en sera demain l'anniversaire...

Puis, après un silence il dit encore:

—J'étais tombé tout près d'ici...

Et il rougit.

Et de nouveau, sans comprendre pourquoi, j'éprouvai un chagrin bizarre. Cependant une question me vint:

—Alors ce n'est pas par hasard que, le matin où je t'ai connu, il y a huit jours, tu te promenais comme ça, tout seul, à mille milles de toutes les régions habitées! Tu retournais vers le point de ta chute?

Le petit prince rougit encore.

Et j'ajoutai, en hésitant:

—À cause, peut-etre, de l'anniversaire?...

Le petit prince rougit de nouveau. Il ne répondait jamais aux questions, mais, quand on rougit, ça signifie "oui," n'est-ce pas?

—Ah! lui dis-je, j'ai peur...

Mais il me répondit:

—Tu dois maintenant travailler. Tu dois repartir vers ta machine. Je t'attends ici. Reviens demain soir...

Mais je n'étais pas rassuré. Je me souvenais du renard. On risque de pleurer un peu si l'on s'est laissé apprivoiser...

XXVI

Il y avait, à côté du puits, une ruine de vieux mur de pierre. Lorsque je revins de mon travail, le lendemain soir, j'aperçus de loin mon petit prince assis là-haut, les jambes pendantes. Et je l'entendis qui parlait:

—Tu ne t'en souviens donc pas? disait-il. Ce n'est pas tout à fait ici!

Une autre voix lui répondit sans doute, puisqu'il répliqua:

—Si! Si! c'est bien le jour, mais ce n'est pas ici l'endroit...

Je poursuivis ma marche vers le mur. Je ne voyais ni n'entendais toujours personne. Pourtant le petit prince répliqua de nouveau:

—... Bien sûr. Tu verras où commence ma trace dans le sable. Tu n'as qu'a m'y attendre. J'y serai cette nuit.

J'étais à vingt mètres du mur et je ne voyais toujours rien.

Le petit prince dit encore, après un silence:

—Tu as du bon venin? Tu es sûr de ne pas me faire souffrir longtemps?

Je fis halte, le coeur serré, mais je ne comprenais toujours pas.

—Maintenant va-t'en, dit-il... Je veux redescendre!

Alors j'abaissai moi-même les yeux vers le pied du mur, et je fis un bond! Il était là, dressé vers le petit prince, un de ces serpents jaunes qui vous exécutent en trente secondes. Tout en fouillant ma poche pour en tirer mon revolver, je pris le pas de course, mais, au bruit que je fis, le serpent se laissa doucement couler dans le sable, comme un jet d'eau qui meurt, et, sans trop se presser, se faufilla entre les pierres avec un léger bruit de métal.

Je parvins au mur juste à temps pour y recevoir dans les bras mon petit bonhomme de prince, pâle comme la neige.

—Quelle est cette histoire-là! Tu parles maintenant avec les serpents!

J'avais défait son éternel cache-nez d'or. Je lui avais mouillé les tempes et l'avais fait boire. Et maintenant je n'osais plus rien lui demander. Il me regarda gravement et m'entoura le cou de ses bras. Je sentais battre son coeur comme celui d'un oiseau qui meurt, quand on l'a tiré à la carabine. Il me dit:

—Je suis content que tu aies trouvé ce qui manquait à ta machine. Tu vas pouvoir rentrer chez toi...

—Comment sais-tu!

Je venais justement lui annoncer que, contre toute espérence, j'avais réussi mon travail!

Il ne répondit rien à ma question, mais il ajouta:

—Moi aussi, aujourd'hui, je rentre chez moi...

Puis, mélancolique:

—C'est bien plus loin... c'est bien plus difficile...

Je sentais bien qu'il se passait quelque chose d'extraordinaire. Je

—Maintenant va-t'en, dit-il... Je veux redescendre!

le serrais dans les bras comme un petit enfant, et cependant il me semblait qu'il coulait verticalement dans un abîme sans que je pusse rien pour le retenir...

Il avait le regard sérieux, perdu très loin:

—J'ai ton mouton. Et j'ai la caisse pour le mouton. Et j'ai la muselière...

Et il sourit avec mélancolie.

J'attendis longtemps. Je sentais qu'il se réchauffait peu à peu:

—Petit bonhomme, tu as eu peur...

Il avait eu peur, bien sûr! Mais il rit doucement:

—J'aurai bien plus peur ce soir...

De nouveau je me sentis glacé par le sentiment de l'irréparable. Et je compris que je ne supportais pas l'idée de ne plus jamais entendre ce rire. C'était pour moi comme une fontaine dans le désert.

—Petit bonhomme, je veux encore t'entendre rire...

Mais il me dit:

—Cette nuit, ça fera un an. Mon étoile se trouvera juste au-dessus de l'endroit où je suis tombé l'année dernière...

—Petit bonhomme, n'est-ce pas que c'est un mauvais rêve cette histoire de serpent et de rendez-vous et d'étoile...

Mais il ne répondit pas à ma question. Il me dit:

—Ce qui est important, ça ne se voit pas...

—Bien sûr...

—C'est comme pour la fleur. Si tu aimes une fleur qui se trouve dans une étoile, c'est doux, la nuit, de regarder le ciel. Toutes les étoiles sont fleuries.

—Bien sûr...

—C'est comme pour l'ean. Celle que tu m'as donnée à boire était comme une musique, à cause de la poulie et de la corde... tu te rappelles... elle était bonne.

—Bien sûr...

—Tu regarderas, la nuit, les étoiles. C'est trop petit chez moi pour que je te montre où se trouve la mienne. C'est mieux comme ça. Mon étoile, ça sera pour toi une des étoiles. Alors, toutes les étoiles, tu aimeras les regarder... Elles seront toutes tes amies. Et puis je vais te faire un cadeau...

Il rit encore.

—Ah! petit bonhomme, petit bonhomme, j'aime entendre ce rire!

—Justement ce sera mon cadeau... ce sera comme pour l'eau...

—Que veux-tu dire?

—Les gens ont des étoiles qui ne sont pas les mêmes. Pour les uns, qui voyagent, les étoiles sont des guides. Pour d'autres elles ne sont rien que de petites lumières. Pour d'autres qui sont savants, elles sont des problèmes. Pour mon businessman elles étaient de l'or. Mais toutes ces étoiles-là se taisent. Toi, tu auras des étoiles comme personne n'en a...

—Que veux-tu dire?

—Quand tu regarderas le ciel, la nuit, puisque j'habiterai dans l'une d'elles, puisque je rirai dans l'une d'elles, alors ce sera pour toi comme si riaient toutes les étoiles. Tu auras, toi, des étoiles qui savent rire!

Et il rit encore.

—Et quand tu seras consolé (on se console toujours) tu seras content de m'avoir connu. Tu seras toujours mon ami. Tu auras envie de rire avec moi. Et tu ouvriras parfois ta fenêtre, comme ça, pour le

plaisir... Et tes amis seront bien étonnés de te voir rire en regardant le ciel. Alors tu leur diras: «Oui, les étoiles, ça me fait toujours rire!» Et ils te croiront fou. Je t'aurai joué un bien vilain tour...

Et il rit encore.

—Ce sera comme si je t'avais donné, au lieu d'étoiles, des tas de petits grelots qui savent rire...

Et il rit encore. Puis il redevint sérieux:

—Cette nuit... tu sais... ne viens pas.

—Je ne te quitterai pas.

—J'aurai l'air d'avoir mal... j'aurai un peu l'air de mourir. C'est comme ça. Ne viens pas voir ça, ce n'est pas la peine...

—Je ne te quitterai pas.

Mais il était soucieux.

—Je te dis ça... c'est à cause aussi du serpent. Il ne faut pas qu'il te morde... Les serpents, c'est méchant. Ça peut mordre pour le plaisir...

—Je ne te quitterai pas.

Mais quelque chose le rassura:

—C'est vrai qu'ils n'ont plus de venin pour la seconde morsure...

Cette nuit-là je ne le vis pas se mettre en route. Il s'était évadé sans bruit. Quand je réussis à le rejoindre il marchait décidé, d'un pas rapide. Il me dit seulement:

—Ah! tu es là...

Et il me prit par la main. Mais il se tourmenta encore:

—Tu as eu tort. Tu auras de la peine. J'aurai l'air d'être mort et ce ne sera pas vrai...

Moi je me taisais.

—Tu comprends. C'est trop loin. Je ne peux pas emporter ce corps-là. C'est trop lourd.

Moi je me taisais.

—Mais ce sera comme une vieille écorce abandonnée. Ce n'est pas triste les vieilles écorces...

Moi je me taisais.

Il se découragea un peu. Mais il fit encore un effort:

—Ce sera gentil, tu sais. Moi aussi, je regarderai les étoiles. Toutes les étoiles seront des puits avec une poulie rouillée. Toutes les étoiles me verseront à boire...

Moi je me taisais.

—Ce sera tellement amusant! Tu auras cinq cents millions de grelots, j'aurai cinq cents millions de fontaines...

Et il se tut aussi, parce qu'il pleurait...

—C'est là. Laisse-moi faire un pas tout seul.

Et il s'assit parce qu'il avait peur. Il dit encore:

—Tu sais... ma fleur... j'en suis responsable! Et elle est tellement faible! Et elle est tellement naïve. Elle a quatre épines de rien du tout pour la protéger contre le monde...

Moi je m'assis parce que je ne pouvais plus me tenir debout. Il dit:

—Voilà... C'est tout...

Il hésita encore un peu, puis il se releva. Il fit un pas. Moi je ne pouvais pas bouger.

Il n'y eut rien qu'un éclair jaune près de sa cheville. Il demeura un instant immobile. Il ne cria pas. Il tomba doucement comme tombe un arbre. Ça ne fit même pas de bruit, à cause du sable.

Il tomba doucement comme tombe un arbre.

XXVII

Et maintenant, bien sûr, ça fait six ans déjà... Je n'ai jamais encore raconté cette histoire. Les camarades qui m'ont revu ont été bien contents de me revoir vivant. J'étais triste mais je leur disais: «C'est la fatigue...»

Maintenant je me suis un peu consolé. C'est-à-dire... pas tout à fait. Mais je sais bien qu'il est revenu à sa planète, car, au lever du jour, je n'ai pas retrouvé son corps. Ce n'était pas un corps tellement lourd... Et j'aime la nuit écouter les étoiles. C'est comme cinq cents millions de grelots...

Mais voilà qu'il se passe quelque chose d'extraordinaire. La muselière que j'ai dessinée pour le petit prince, j'ai oublié d'y ajouter la courroie de cuir! Il n'aura jamais pu l'attacher au mouton. Alors je me demande: «Que s'est-il passé sur sa planète? Peut-être bien que le mouton à mangé la fleur...»

Tantôt je me dis: «Sûrement non! Le petit prince enferme sa fleur toutes les nuits sous son globe de verre, et il surveille bien son mouton...» Alors je suis heureux. Et toutes les étoiles rient doucement.

Tantôt je me dis: «On est distrait une fois ou l'autre, et ça suffit! Il a oublié, un soir, le globe de verre, ou bien le mouton est sorti sans bruit pendant la nuit...» Alors les grelots se changent tous en larmes!...

C'est là un bien grand mystère. Pour vous qui aimez aussi le petit prince, comme pour moi, rien de l'univers n'est semblable si quelque part, on ne sait où, un mouton que nous ne connaissons pas a, oui ou non, mangé une rose...

Regardez le ciel. Demandez-vous: «Le mouton oui ou non a-t-il mangé la fleur? »Et vous verrez comme tout change...

Et aucune grande personne ne comprendra jamais que ça a tellement d'importance!

Ça c'est, pour moi, le plus beau et le plus triste paysage du monde. C'est le même paysage que celui de la page précédente, mais je l'ai dessiné une fois encore pour bien vous le montrer. C'est ici que le petit prince a apparu sur terre, puis disparu.

Regardez attentivement ce paysage afin d'être sûrs de le reconnaître, si vous voyagez un jour en Afrique, dans le désert. Et, s'il vous arrive de passer par là, je vous en supplie, ne vous pressez pas, attendez un peu juste sous l'étoile! Si alors un enfant vient à vous, s'il rit, s'il a les cheveux d'or, s'il ne répond pas quand on l'interroge, vous devinerez bien qui il est. Alors soyez gentils! Ne me laissez pas tellement triste: écrivez-moi vite qu'il est revenu...

作者的故事

马晓星

安托瓦尼·德·圣-埃克苏佩里

《小王子》是一个美丽忧伤的童话。然而翻开这本书，它的作者安托瓦尼·德·圣-埃克苏佩里却在扉页上轻轻地道歉，他说，请孩子们原谅，我把这本书献给一个大人。

1900年6月29日，安托瓦尼·德·圣-埃克苏佩里生于法国里昂的一个没落贵族之家。作为《小王子》的作者，他的名字是法兰西的骄傲。然而与其他作家不同的是，与他的一生紧密相连的除了写作，更有飞行。

他曾经是法国的军事飞行员，退役后又成为商业飞行员，在法国—北非—南美早期航空邮政航线上飞行。二次大战爆发后，他加入了法国空军，1940年他离开沦陷的法国，经北非到美国。1943年，圣-埃克苏佩里在北非参加盟军，担任侦察任务。1944年，在一次跨越地中海的飞行中，他的飞机失去了踪迹，从此再也没有回来。

圣 - 埃克苏佩里一生动荡，他享受飞行带来的孤独与超越，追寻生命本源的纯粹意义；作为飞行员、战士，他以诗人的目光凝视历险与危难，他的作品是对世界所做的独一无二的证言。

天不怕地不怕的童稚神情

圣 - 埃克苏佩里四岁丧父，他有两个姐姐，一个弟弟和一个妹妹。他随母亲住在圣莫里斯的家族城堡中，度过了无忧无虑的童年。从照片上看来，那时候他有一头浓密的金发以及天不怕地不怕的童稚神情。

1909 年，圣 - 埃克苏佩里在家族的安排下迁居勒芒市，进入圣克鲁瓦圣母教会学校学习。学校里严苛的纪律和沉闷的气氛令这个男孩子备感压抑，他在老师（由神父担任）的眼里并不是一个守规矩的学生。但这时，他讲故事的天赋已经初露端倪：他的两篇作文《漂泊万里的帽子》和《蚂蚁的丧礼》成了课上的范文。

圣 - 埃克苏佩里在圣克鲁瓦圣母教会学校度过了五年光阴，在此期间，他经历了另一件很可能影响了日后抉择的事情——在 1912 年这个航空飞行刚刚起步的时候，他得到了一个机会，跟随飞行员登上飞机，第一次在天空无拘无束地飞行。

1914 年，第一次世界大战爆发，家人考虑到孩子的安全，先是将圣-埃克苏佩里和他的弟弟转到索恩河畔的蒙格雷寄宿学校，然而这所学校生活条件简陋，管理严苛，令两个孩子痛苦不堪。因此仅仅一个学期后，他们又转学到位于瑞士弗里堡的圣约翰学校。弗里堡风光如画，学校风气开明，圣-埃克苏佩里的生活又一次变得阳光明媚、鸟语花香。尽管昂贵的学费深深困扰他的母亲，尽管圣-埃克苏佩里给老师留下的印象始终是调皮顽劣、成绩垫底，但对他而言，在这里度过的两年时光无疑是美好的。在这个时期的照片里，他看起来开朗惬意，一扫之前两所学校带来的阴霾。

然而，1917 年，圣-埃克苏佩里的弟弟弗朗索瓦因关节炎去世了。弟弟的离去不仅意味着伤痛，更可能在圣-埃克苏佩里心中埋下了宿命论的种子。二十几年后，在坠机前他告诉朋友：他已经准备好，心甘情愿地迎接死亡。

圣-埃克苏佩里家族有进入军队担任军职的传统。1917 年，圣-埃克苏佩里在家族的安排下前往巴黎，在圣路易预科学校补习，准备参加海军学院的入学考试。他不仅享受了巴黎的浮华生活，也希望参加一战，最好进入空军。但是就在他将向军队报到的时候，战争结束了。此时圣-埃克苏佩里对海军学院已经了无兴致，1919 年 6 月，他未能通过入学考试，虽然数学成绩很好，但满分 20 分的作文题却只拿到 7 分。

1920 年，圣-埃克苏佩里进入巴黎艺术学院学习建筑，他对前途一片茫然，也未见得喜爱建筑师这个职业。他过着一个巴黎大学生的散漫生活：大部分时间住在旅馆的房间里，也常出没于各色酒馆、夜总会，并且乐于参加亲戚的晚宴。在这个可以以浪荡不羁来形容的时期，他常在餐厅写作。

值得提到的是，此时的圣-埃克苏佩里心里依然有飞行的梦想，他想成为飞行员，在天空翱翔。1921年4月，他加入空军，以二等兵的身份担任地勤修护工作，开始了人生的另一阶段。他不满足于按照军队的规定留在地面上，三年后才获得飞行训练的机会，于是向母亲要了一笔钱，自费考取了民航飞机驾照。圣-埃克苏佩里在军队里并没有像普通二等兵一样简朴节俭，尽管他不修边幅，却一如既往地习惯于向自己的母亲索要生活费，过贵族的舒适生活。

圣-埃克苏佩里的母亲玛丽

圣-埃克苏佩里的母亲生活并不宽裕，她的儿子却总是用孩子般的执著向她索取各种花费，就像在不停地索取母亲的爱。圣-埃克苏佩里住进城里租金昂贵的房子，同时在信里写道："我身上一分钱也没有了，我真的非常可怜，守着酒精炉却点不起火来，因为我没有火柴，也就无法沏茶了。”这些单纯的请求往往令他的母亲感到为难，那笔昂贵的民航训练费更使她为圣 - 埃克苏佩里的安全感到忧虑，在担惊受怕二十余年之后，她真的失去了自己的儿子。

1921 年 8 月，圣 - 埃克苏佩里凭借他的民航训练经验，得以被调往法属摩洛哥的空军战斗基地受训，同年 12 月，他通过了考核，成为正式飞行员。1922 年 10 月，经过军队安排的培训、进修的圣 - 埃克苏佩里晋升少尉，加入了飞行团。然而次年 1 月，他驾机时出了事故，飞机坠落，他头骨破裂，被送到了医院。

路易丝 · 维尔莫兰

1923 年 6 月，圣 - 埃克苏佩里结束了空军生涯，主要原因是他坠入了爱河。退役后，按照未婚妻家族的希望，他做起了普通上班族的工作，在布瓦龙制瓦公司里做职员。他的未婚妻路易丝 · 维尔莫兰出身巴黎名门，美貌多才，但圣 - 埃克苏佩里对她的爱与付出并没有得到足够的重视，而他喜爱谈论的“翱翔天地之间那种震慑人心、超越俗世的时刻”也无法引起未婚妻的共鸣。1923 年秋天，路易丝 · 维尔莫兰解除婚约，这段感情就这样结束了。

对圣 - 埃克苏佩里而言，这是一段迷茫的时期，他在各种选择中摇摆，相比在办公室里坐看流年，为索雷公司推销卡车时东奔西走的生活似乎更吸引他一些。他喜爱在人烟稀少的郊区公路上驱车奔驰，感受荒野带来的虚无感。

工作之余，圣 - 埃克苏佩里开始尝试成为一名作家，他接触文艺圈，并且在日常生活的间隙中、在居无定所的漫漫长夜中不断书写，还常常为写好的文字配上素描，逐渐形成了独特的写作风格。1926 年，他的短篇小说《飞行员》在《银色之舟》杂志上发表。

在天空驾机飞行的自由在圣 - 埃克苏佩里心中始终无可替代。1926 年是他的另一个转折点，在这一年，他经人引介，来到位于图卢兹的拉泰科埃尔航空公司（即日后著名的“空中邮局”），成为运送邮件的商业飞行员，开始了在北非与南美之间往返通邮的民航生涯。其时民航邮件业务刚刚起步，驾驶飞机的安全性堪虞，西北部非洲—南大西洋—南美洲的空邮航线是包括圣 - 埃克苏佩里在内的一班飞行员冒着生命危险开拓出来的。

这是圣 - 埃克苏佩里生命中一段至关重要的旅程，这份工作令他重拾生存的意义，袍泽情谊和奉献精神成为他生命中最重要的东西。他多次因为飞机事故面临生命危险，迫降在广袤荒芜的大地上，靠自己的勇气与运气求生并等待救援。

圣 - 埃克苏佩里重视友谊。在这个时期，他与飞行员亨利·吉约梅结为挚友。1930 年，当吉约梅驾驶的飞机在安第斯山区坠毁时，圣 - 埃克苏佩里曾经一连几天驾驶飞机盘旋搜寻他。九年后，

圣-埃克苏佩里（左）与亨利·吉约梅（右）

雷翁 · 维尔斯

他将自己精粹之作《人的大地》题献给这位在法国飞行史上留名的卓越飞行员，正如后来将《小王子》题献给了另一位挚友——雷翁 · 维尔斯。

1927 年 10 月，公司任命圣 - 埃克苏佩里担任朱比角（位于摩洛哥南部）中转站的管理者，负责救援失事坠落的飞行员，并与当地阿拉伯游牧民族交涉。在此期间，一只有着长而尖的大耳朵的沙漠狐狸给他留下了深刻印象，圣 - 埃克苏佩里在家信里画出了狐狸的素描——这就是《小王子》中现身的那只狐狸的雏形。圣 - 埃克苏佩里不仅习惯了朱比角粗粝而孤寂的生活，还对沙漠的质朴之美产生了深深的眷恋，以至于被调离撒哈拉时，他写信给自己的朋友说，相信悲伤会接踵而来。

自 1926 年开始，写作就像飞行一样，成为了圣 - 埃克苏佩里生活的一部分。无论是在驾驶飞机还是在留驻朱比角的日子里，圣 - 埃克苏佩里都没有停止写作。他用洗练的文字记载了对飞行员生活的感悟与思索，笔法不像其他写作出书的飞行员那样完全写实，而更富哲理性。在修改稿件时，他习惯于反复推敲，力求完美，甚至近于苛求。1929 年，圣 - 埃克苏佩里的《南线邮航》由伽俐玛出版社出版。1931 年底，他的第二部小说《夜航》获得了女性文学大奖——费米娜文学奖。

对圣-埃克苏佩里来说，飞行员的生涯就是创作的源泉。在《南线邮航》中，初出茅庐的飞行员杰克斯·伯尼斯死于撒哈拉大沙漠的西部。《夜航》则描述了最初的航线飞行员们的光辉业绩以及在执行复杂艰难的飞行任务时面临死亡的神秘的兴奋感。

1931 年对圣-埃克苏佩里而言是重要的一年，这年 4 月，他与康苏萝·索馨·圣多瓦在法国结为连理。康苏萝出身于萨尔瓦多，是作家昂里克·戈梅·卡利罗的遗孀，她身材苗条娇小，有一双美丽的大眼睛，不仅容貌迷人，还拥有敏捷的头脑和丰富的想象力。圣-埃克苏佩里喜爱她的热情敏感与艺术气质，康苏萝也被圣-埃克苏佩里的写作才华以及飞行员经历所吸引，他们陷入了热恋，并在相识七个月后结婚。这场婚姻令圣-埃克苏佩里饱尝人生的

圣-埃克苏佩里和康苏萝

圣-埃克苏佩里在飞机旁

甘美与苦涩。

婚后，圣 - 埃克苏佩里继续担任民航飞行员，在非洲上空飞行。聚少离多的生活令康苏萝备感苦闷。1931 年前后，拉泰科埃尔航空公司因为扩张太快而濒临破产，失业的阴影笼罩在他们头顶；兼之公司内派系斗争严重，圣 - 埃克苏佩里的工作并不稳定。1933 年，圣 - 埃克苏佩里担任了拉泰科埃尔航空公司的水上飞机的试飞员，由于操作失误而在降落时发生事故，几乎丧命，他因此失去了工作。就在这一年，法兰西航空公司成立，拉泰科埃尔航空公司被兼并。

此后数年中,圣 - 埃克苏佩里主要在巴黎居住,生活动荡不定。他和康苏萝都缺少理财观念，两个人终日大手大脚，总是入不敷出,圣 - 埃克苏佩里甚至无视经济压力,购买了私人飞机。尽管《夜航》的获奖带来了不菲的版税收入，但也未能使他们摆脱开支方面的窘境。圣 - 埃克苏佩里尝试了各种挣钱的方法，除了为法航工作，他还就改进飞机性能的多个小发明申请专利，撰写电影剧本。1935 年底，圣 - 埃克苏佩里决定驾驶自己的飞机进行一次 99 小时内从巴黎到西贡的长途飞行，赚取 15 万法郎的奖金。然而飞机在开罗附近的沙漠坠毁，圣 - 埃克苏佩里与机械师普列夫在沙漠里跋涉了五天才获救。在这片干旱的沙漠中，他又看到了他所熟悉的大耳朵的沙漠狐狸。

在沙漠中挣扎求生时，对妻子康苏萝的思念是圣 - 埃克苏佩里求生的动力。然而事实上，尽管他们深爱对方，但两个人追求不同、个性倔强，无法相互妥协，婚姻生活频频出现问题。康苏萝感到自己的健康日益恶化，特别是还患有气喘病，需要圣 - 埃克苏佩里给予关注照顾；而圣 - 埃克苏佩里却更多地渴望自由，渴望远离生活的束缚，他身边也不乏红颜知己。他在作品中写道：“坐上飞机可以逃离城市，逃离繁杂琐事，接触真实的世界。”康苏萝则写下了这样的句子：“他爱的是广阔无垠的大地、飞机残骸和过去的浮光掠影。”从 1936 年到 1939 年，他们数度分居，婚姻变得有名无实。后来当圣 - 埃克苏佩里创作《小王子》时，康苏萝成为其中玫瑰花的原型：喜爱梳妆；用咳嗽表示自己病得很重，希望获得小王子更多的关怀和爱；而她唯一用来对抗危险世界的武器只是几根刺。无论如何，在这部不朽的童话中，那朵娇弱的玫瑰花是小干子唯一的爱。

除了飞行与写作，圣 - 埃克苏佩里还为报社担任记者。1935 年，在飞往西贡之前，他曾作为《巴黎晚报》的特派记者前往莫斯科采访。1937 年，他以《不妥协报》和《巴黎晚报》特派战地记者的身份到马德里为西班牙内战作报道。

1938 年 2 月，圣 - 埃克苏佩里向政府申请开辟自纽约到巴塔哥尼亚的长途航线，在这次飞行中发生了一次严重的事故，飞机在危地马拉的机场坠落，摔成了一堆废铁。圣 - 埃克苏佩里除了重度脑震荡外，全身多处骨折；他的左肩、左臂伤势很重，从此

二战时的圣 - 埃克苏佩里

无法完全举起手臂，因而无法使用降落伞。虽然逃过了左手截肢的噩运，但他再也没有完全康复，常常耳鸣、发烧、全身疼痛。也由于这次受伤，他不得不在美国停留，美国的勃勃生机吸引着他，但这里“消费者至上”的社会理念又令他感到对人性的压抑。此后，他在美国居住的时间比在法国的时间更长。

1939 年，经过细腻的推敲，记载了他自己的飞行经历的作品集《人的大地》（英文版书名《风沙星辰》）出版。在这部真正优秀的作品中，圣 - 埃克苏佩里探寻了人们在协作奋斗完成使命时的相互支持、休戚与共；而飞机就是用于探索世界的工具。书中的语言抒情动人，具有简洁高雅的禀赋。《人的大地》不仅获得了法兰西学院的小说大奖，还在美国造成了轰动，迅速进入畅销书排行榜。圣 - 埃克苏佩里一举摆脱了经济拮据的苦恼，但是写作的成功并不能完全排遣他内心的苦闷。他困于与康苏萝的情感纠葛，奔波于大西洋两岸，并忧心于战争的阴影。

1939 年 9 月，第二次世界大战爆发。圣 - 埃克苏佩里应国家的征召入伍，担任空军上尉。他的年龄几乎是其他空军同僚的两倍。尽管体检的结果显示，他的年龄与身体状况已不适合接受战斗机训练，他依然向上级积极争取，担任了空中战略侦察任务。之前的事故已经导致了身体上的永久伤害，执行任务往往会引起旧伤复发，令他高烧不退、全身酸痛，但是为了留在空军，圣-埃克苏佩里隐瞒了这些情况，他和其他飞行员一样被派往敌占区上空执行危险的航拍任务。1940 年 5 月，他又被派往阿拉斯地区。空军的生活为他带来灵感，他开始创作《战区飞行员》。

1940 年 6 月，法国战败。圣-埃克苏佩里所在的空军大队飞往北非法属殖民地休整。在亲历战争后，圣-埃克苏佩里也在思索法国的未来，他对戴高乐的“自由法国”运动感到失望，认为在严峻的现实面前，单纯依靠爱国热情而战斗无法取得胜利。不久他在阿尔及尔退役，返回法国与家人团聚，并动笔创作另一部作品《要塞》。

圣-埃克苏佩里认为二战胜利的希望在于美国。1940 年 11 月，他取道北非前往美国，12 月底抵达纽约，开始侨居并专心创作。这是一段相对安定但是黯然神伤的岁月：国家陷于战乱，与他同在空军服役的战友大半丧生；随着挚友吉约梅的去世，在空中邮局时代与他共同开辟航线的同事们都已不在人世；青少年时代对他影响最大的两位神父也先后骤逝。圣-埃克苏佩里的健康状况极不乐观，有时不得不住进医院。由于他拒绝认同戴高乐政权，也受到了有关势力的指责与诋毁。

1942 年，《战区飞行员》的英文版（英文版书名《飞向阿拉斯》）在美国出版，在美国占据“最佳畅销书”地位达半年之久。评论界认为，这本书是对希特勒的《我的奋斗》的最好反击。小说的法文版同年在法国出版，但很快被德国占领军当局查禁。

《小王子》是在 1942 年成形的。但是许多年来，他喜欢在纸上画一个金头发的小男孩，小男孩长着翅膀。1909 年，一个金发的小男孩离开了他眷恋的圣莫里斯城堡，此后很多年，他在空中飞行，四处漂泊，想寻找生命的意义……某种程度上，这部杰作的酝酿贯穿了他大半生的光阴，浓缩了他的经历与感悟，纯净深刻，直指人心。1942 年初，康苏萝来到美国，他们重新住在同一屋檐下，尝试生活在一起。在给康苏萝的信里，圣 - 埃克苏佩里写道 ：“你知道吗？玫瑰就是你。”“或许我永远不知道怎么好好照顾你，但我一向觉得你很美。”

圣 - 埃克苏佩里在美国住到了 1943 年，这一年，他发表了《给人质的一封信》，号召身处美国的法国人团结一致。

1943 年 4 月，年逾四旬的圣 - 埃克苏佩里前往北非，回到了自己曾经所在的第三十三飞行联队第二大队。他的年龄已经远远超出空军飞行员的年龄界限，身体状况也不允许他再度飞行。然而飞行任务是空军飞行员存在的意义，在他的反复要求、不断申请下，指挥官还是同意他出动。他前后成功地完成了九次飞行任务。

1944 年 7 月 31 日，圣 - 埃克苏佩里自科西嘉岛起飞，飞向法国南部执行第十次任务——航空拍摄。这一次，他一去不返，再也没有回来。

1943 年，就在圣 - 埃克苏佩里前往北非参军前不到 20 天，《小王子》在美国出版，另一部作品《要塞》则直到1948年才由伽利玛出版社出版。

自此,许多年过去了,《小王子》成为世界上阅读率仅次于《圣经》的最佳书籍，而圣-埃克苏佩里的离去就像小王子离开地球一样突然而悄无声息，他的下落是一个不解之谜。许多人在多方寻找他的踪迹，也有许多人说，无需寻找，应该让小王子安静地离去，无论去向何方。

1998年，有人在马赛附近的海中打捞上来一只刻有圣-埃克苏佩里名字的手镯。2000年，一位专业潜水员在同样的海域拍到了一架洛克希德P-38“闪电”飞机的残骸，与圣-埃克苏佩里的座机型号相同。2003年，最关键的证据浮出水面，从海底打捞上来的飞机碎片上，印着圣-埃克苏佩里最后驾驶的飞机的序列号。

在最后的飞行前,圣-埃克苏佩里对死亡已经做好准备。他说，“我将双手合十地安息在地中海”。

圣-埃克苏佩里的遗体没有找到，他的离去与他的人生一样充满传奇。

从蔚蓝的天空坠落到蔚蓝的海洋，他的传奇还在延续。

参考资料：

① “Saint-Exupéry, Antoine (-Marie-Roger)”, *The New Encyclopædia Britannica*, (London: Encyclopædia Britannica, Inc., 2007), Vol. X, 317.

②〔英〕保罗·韦伯斯特：《小王子的爱与死》，黄喻麟译，上海人民出版社，2003年，第一版。

③〔法〕马塞尔·米若：《永远的小王子》，袁俊生、党英媚译，文化艺术出版社，2005年，第一版。

译者简介

王以培，中国人民大学文学院教师，教授“汉语文学创作”、“法语与法语诗歌”等课程。

1990 ~ 2000 年间，在中国西部及欧美各国旅行，曾出版诗集《这一夜发生了什么》、《寺庙里的语言》；旅行三部曲《转场》、《灰狗》、《忘忧》（合集《游吟》）；长篇小说《大钟亭》。翻译《兰波作品全集》等。

从 2001 年起，深入三峡淹没区旅行创作，记录历史。已出版三峡系列作品：《三峡记忆》、《白帝城》、《水位 139 米》、《新田白水溪》，长篇小说《烟村》。

目前，正从事历史小说与童话创作。